U0470909

模式的革命

渠道坍塌下的经销商转型之路

吴光碧 ◎ 著

中国财富出版社

图书在版编目（CIP）数据

模式的革命：渠道坍塌下的经销商转型之路 / 吴光碧著. —北京：中国财富出版社，2015.7

ISBN 978-7-5047-5729-6

Ⅰ.①模… Ⅱ.①吴… Ⅲ.①经销商—商业管理—研究 Ⅳ.①F713.3

中国版本图书馆 CIP 数据核字（2015）第 118464 号

策划编辑	黄 华	责任印制	方朋远
责任编辑	姜莉君	责任校对	饶莉莉

出版发行	中国财富出版社		
社　　址	北京市丰台区南四环西路 188 号 5 区 20 楼	邮政编码	100070
电　　话	010-52227568（发行部）	010-52227588 转 307（总编室）	
	010-68589540（读者服务部）	010-52227588 转 305（质检部）	
网　　址	http://www.cfpress.com.cn		
经　　销	新华书店		
印　　刷	北京京都六环印刷厂		
书　　号	ISBN 978-7-5047-5729-6/F·2400		
开　　本	710mm×1000mm　1/16	版　次	2015 年 7 月第 1 版
印　　张	13	印　次	2015 年 7 月第 1 次印刷
字　　数	151 千字	定　价	32.00 元

版权所有·侵权必究·印装差错·负责调换

前言 PREFACE

如今,随着整个市场竞争环境的日趋激烈,零售业态的日益强大以及厂家销售区域的细化,市场运营的整体成本越来越高,经销商的利润空间越来越小。很多经销商都发出了这样的无奈之声:"生意越来越难做,赢利越来越困难!"

确实,在全新的环境下,对于掌控终端销路的经销商来说,不得不认真思考发展问题。当厂家渠道下沉之后,单一做渠道越来越难,面对被蚕食的市场,经销商通过各种途径来寻求新机会;有的经销商则发现,把鸡蛋放在销售这个篮子里,失去了"安全感"……

其实,经销商两头不讨好的尴尬处境并不是今时今日才有。在传统模式下,物流欠发达、信息不畅通,终端布点分散,价格层层加码,不仅让消费者成了为渠道埋单的冤大头,也让零售商爱恨交织。

穷则思变!面对严峻的现实,为了突破困局,经销商们都在想办法改变赢利模式。很多经销商意识到自身地位的尴尬,积极寻找出路:有的选择"争上游",注册品牌开发产品,做品牌运营商;有的选择攻下盘，开零售店，当店老板；有的则选择了跨渠道发展，多管齐下。

可是，凡此种种，依然没有解决经销商群体的问题。怎么办？一直以来，我都在思考这个问题。经过多年的走访和研究之后，我决定为经销商们编写一本书，旨在帮助他们认清眼前的形势，帮助他们找到问题的解决办法。

本书从零售商的视角出发，从现代零售业的经营特征和发展趋势入手，分析和寻找了经销商的未来出路。本书不仅分析了经销商如今面临的困境，还提供了很多转型的方法；不仅分析了传统经销商的种种误区，还提供了模式改革的新思路……

只有巧妙转型，经销商才能为自己谋得喘息之机。本书适合广大经销商、经营者及管理者阅读，相信读完之后，你定然会豁然开朗。

作　者

2015 年 3 月

目录 CONTENTS

第一章　模式革命的现实抉择 …………………………………… 1

产业集中：厂家数量急剧减少 ………………………………… 3

区域寡头：经销商规模扩大，数量减少 ……………………… 6

通路扁平：上游厂家向下蚕食 ………………………………… 8

零售崛起：下游终端虎视眈眈 ………………………………… 14

线上消费：加速渠道坍塌的科技元凶 ………………………… 17

物流配送：物流抢经销商市场份额 …………………………… 19

国际资本：强制本土经销商洗牌 ……………………………… 23

第二章　生存与灭亡，值得考虑 ………………………………… 25

地盘萎缩：市场边缘化，失去核心市场 ……………………… 27

权利旁落：赚取配送费，失去市场主动权 …………………… 30

利润降低：市场管理与经营成本日趋升高 …………………… 32

猎鹿博弈：经销商之间恶性竞争，没有善意合作 …………… 35

囚徒困境：经销商与厂家互不信任，不能深度合作 ………… 38

麻将博弈：经销商与二批商，简单消费，难建忠诚 ………… 41

智猪博弈：经销商与员工，互相掣肘，难有作为 …………… 44

第三章　传统思维，层层误区 …………………………………… 49

　　经销商是"二传手" ……………………………………………… 51

　　经销商是为厂家做"嫁衣" ……………………………………… 52

　　经销商不需要进行市场策划 ……………………………………… 54

　　经销商不需要内部管理 …………………………………………… 59

　　经销商没有必要建立自己的品牌 ………………………………… 65

　　经销商完成任务即可，厂家无须插手 …………………………… 72

第四章　转型思路，思路决定出路 ……………………………… 75

　　主动营销：改变厂家营销为主、经销商为辅的被动式营销 … 77

　　伙伴营销：交易型关系向战略伙伴型关系转变和延伸 ……… 80

　　深度营销：掌控终端，提升客户关系价值 …………………… 82

　　区域为王：打造成某一方面最为强势的地头蛇 ……………… 88

　　品类霸主：垄断销售区域，独享品类带来的利润 …………… 93

　　自建品牌：打造自有品牌，为自己创造更多价值 …………… 95

　　服务也疯狂：经销商在卖产品的同时更要卖服务 …………… 99

第五章　模式革命，变革才有未来 ……………………………… 107

　　电商模式：当经销商遇上网络 ………………………………… 109

　　连锁模式：从幕后走向前台 …………………………………… 114

　　聚焦模式：做细分市场的领导者 ……………………………… 120

　　补缺模式：下农村，深度营销目标市场 ……………………… 124

加盟模式：背靠大树好乘凉 …………………………… 127

代理模式：在巨人的肩膀上成长 ………………………… 131

联盟模式：与厂家共同创造事业 ………………………… 138

跨界模式：在新兴产业寻找机会 ………………………… 147

第六章　经销商转型路线图 …………………………… 153

公司化运作：从野蛮生长到理性运营 …………………… 155

强化终端：经销商的核心是客户 ………………………… 161

垄断品类：垄断更多的品类，消灭竞争对手 …………… 171

产品协同：明星产品带动普通产品 ……………………… 174

从推销到拉销：主动营销，建立红色根据地 …………… 178

能力培育：队伍能力、市场控制能力的培养与提升 …… 187

技术创新：移动互联网时代下的新型经销商 …………… 191

第一章
模式革命的现实抉择

产业集中：厂家数量急剧减少

所谓产业的集中度，就是产业集中的程度，是用来衡量产业竞争性和垄断性最常用的指标。

随着产业的逐渐集中，某一个企业的规模扩大，会积聚或支配占很大比例的生产要素。因此，集中又可以分为工业集中与产业集中。其中，工业集中是以整个工业为考察范围，对各个不同产业生产能力分布状况的一种综合反映；而产业集中则是以某个具体的产业为考察对象，反映的是产业内资源在不同企业间分布的状况。

最新造纸行业的研究报告指出，造纸行业步入成熟期，集中度加速提升，市场份额与利润向大型企业集中。

产业的集中所带来的一个重要结果就是，大量厂家倒闭，大量经销商破产。产业为什么会以如此快的速度集中呢？概括起来，主要有以下几个原因。

1. 产品的本质属性

在著名的"波特产业竞争"理论中，所描述的零散型产业大多数是市场集中度低下行业。在这些行业中，产品一般具有以下一项或数项产品属性和特征。

（1）保质期短暂

有些产品的保质期比较短，如糕点业、鲜奶业，1~5天的保质期令某些有雄心壮志的地方企业望洋兴叹，无可奈何。

> 达能乳业在上海和广州设有两大生产基地，该公司品牌、管理、人才等综合实力俱佳，但因其主导产品为"在冷藏区保存21天"的乳酸奶，受产品保质期和冷藏条件制约，业务范围只限于长江三角洲和珠江三角洲一带，而难以向全国市场拓展。

（2）储运成本过于昂贵

有些产品的储运成本很高，如桶装水和雪糕冷饮业。前者5~10元/桶的厂价和每百千米1元/桶左右的运价，限制了多数桶装水厂的区域扩张；后者从冷藏车、冷藏仓库到超市冷藏柜，储运投入巨大，许多地方冷饮公司不得不画地为牢，偏居一隅。

另外，一些产品易破损、体积过大、储运成本过高，也是市场集中度低下的重要影响因素。

（3）产品难以规模化生产

有些产品无法快速低成本复制，如手工艺品、土特产品。如今，在我国还有一些行业处于手工作坊阶段，一旦出现能够进行大规模生产的机械设备，行业格局很可能会发生翻天覆地的变化。

（4）受原材料供应制约

一些行业产品的生产基地必须建在原材料所在地周围，如矿泉水业。受矿泉水源的制约，众多企业都难以向区外拓展，这是造成该行业市场集中度低下的重要原因。

2. 从业者的综合实力

从业者的综合实力主要体现在以下两个方面。

（1）业内厂家的综合实力普遍强大

这里所定义的综合实力包括资本、管理、营销、人才等核心资源在内的整体实力。市场上充斥着几十个实力均衡的品牌，各品牌之间的市场份额争夺非常激烈，但没有一家独占鳌头。如日用品中的牙膏、香皂和女性卫生用品等行业，这些行业发展比较成熟，领先的多是合资品牌。这些品牌相互争夺，却谁也难以脱颖而出，结果导致市场集中度低下。在这些行业内，很难发现大的市场机会。

（2）业内厂家综合实力普遍较弱

一些行业内厂家处于低水平竞争阶段，市场位于较低层次的均衡状态，厂家无力打造强势品牌，各自偏居一隅，不思进取，导致行业市场集中度低下。如糖果业、炒货业、榨菜业等。如果仔细挖掘，类似的细分行业还很多。在这类行业中，比较容易挖掘市场机会。

3. 需求的多样化程度

如今，消费者需求日渐多样化，千人一面的时代一去不复返。为了适应个性飞扬且多样的消费需求，就要进行消费者细分和市场细分。细分市场越多，也就意味着市场集中度越低，如化妆品产业中的洗面奶、润肤露等产品。

4. 行业的发展阶段

研究表明，中小企业是科技创新的主要源泉。许多新产品都是从中小企业中诞生、发展起来的。但中小企业的实力又决定了其在新行业发展初期难以迅速扩张占领市场，容易形成万箭齐发、千帆争先的竞争局面，影响市场集中度。例如，2000年，由于科技的进步，内衣衣料的保暖性能取得突破性的进展，各种背景的中小企业纷纷上马生产，几乎一夜之间，市场上冒出500余种保暖内衣品牌。强势品牌难以脱颖而出，市场的低集中度成为必然。

5. 历史原因和政策

如果完全面对市场，有些行业可能早已是高市场集中度行业，但是由于存在地方保护，人为营造区域竞争壁垒，影响了一些行业的市场集中度。如有众多地方品牌的啤酒、白酒、香烟行业。

区域寡头：经销商规模扩大，数量减少

如今，经销商的区域寡头垄断趋势凸显。例如，很多行业在一个县级市场只有三四家经销商。

2013年7月，国家发改委对合生元、多美滋、美赞臣、惠

氏、雅培等几个占据了国内奶粉市场半壁江山的国际品牌开始了反垄断调查，认为它们存在操纵市场价格的行为。

在国内，从2008年到现在，高端罐装婴幼儿配方奶粉的价格一直居高不下，平均价格上涨60%。而构成配方奶粉的主要原材料——牛奶或奶粉的价格却一直持续下跌，在全世界其他国家同品牌同类型的配方奶粉价格也没有明显上涨，在2013年1月1日我国对国外进口奶粉的关税从20%降到5%。和价格相关的可对比元素都在降低，唯独在我国市场上价格在上涨。如果没有操纵市场价格的行为，这样的现象是不可能出现的。

一些消费者可能会感到疑惑，商场货架上有多个进口品牌，没有哪些品牌占据很高的份额，怎么就涉嫌垄断了呢？其实，早在数年之前，在一些行业就已经出现了垄断，如方便面、液晶面板等。这些行业的主要企业会进行串通，约定价格或者其他市场行为。企业把自己和经销商本来的买卖关系，变成事实上的上下级关系，扭曲了经销商之间市场竞争的形态。

而相对横向垄断来说，纵向垄断具有高度的隐蔽性。某些企业会利用其强势地位，规定经销商的销售价格。纵向垄断通常出现在一些品牌效应明显且不易被替代的产品上，如婴幼儿配方奶粉。

2009年，当时如日中天的诺基亚就对经销商的销售价格进行了规定，不许经销商窜货，对违反规定的经销商进行非常严格的处罚，结果200多家经销商在长沙开会声讨并试图起诉诺基亚。这就是典型的纵向垄断行为。

目前，在一些领域，如婴幼儿奶粉、汽车、品牌服装、化妆品等行业，主要品牌采用了固定经销商价格、禁止经销商之间窜货等方式进行纵向价格垄断，已经成为非常流行的潜规则。这种潜规则保护了经营者产品价格的统一性、利润的稳定性，但却人为地取消了经销商之间自由的竞争关系。越是品牌优势强、市场占有率高的企业，越会利用自己的垄断地位来限制甚至阻碍经销商之间的竞争。如果经销商不听话，要么处罚，要么断货，让买卖做不下去。

采取纵向垄断的经营方式，带来了商业环境的恶化。经销商之间不再是平等的竞争主体，而成为上一级经营者的附庸；经销商不再把心思用在如何提高传播力度、经营水平和服务水平上，而是放在如何和经营者具体负责人的关系上，通过拉关系打击、清理其他同品牌经销商来获得垄断利润。结果，一些大型品牌企业内部腐败成风。

通路扁平：上游厂家向下蚕食

进入2000年后，我国流通商业的渠道格局发生了根本性的变革，经销商的地位和处境也发生了变化。今天的营销渠道的颠覆性变革，对经销商影响最大的最明显的是上游厂商经销渠道由原来层级分明的模式向着扁平化方向转变，即厂商纷纷抛开中间的各种分销渠道而直接面对终端消费者。

众所周知，传统的营销渠道呈金字塔状，层次较多，属于长营销渠道。由于环节太多，导致流通费用增加，营销效率降低，也给假冒伪劣产品提供了时间和空间。再加上经销商素质参差不齐，难以管理，随着买方市场的出现，这种营销渠道已经不再适用。

短营销渠道简化了销售过程，缩减了销售成本；同时，厂家也更加了解终端消费者的各类资讯，进而有了较大的利润空间，他们也愿意更多地承担流通职能，有些正在尝试扁平化渠道经营的厂家甚至会直接取消经销商，或者只把经销商定义为资金流或物流服务商。

1. 价格倒挂的含义

所谓价格倒挂，是指二级经销商、三级经销商以及销售终端等下游商家的产品销售价格低于一级经销商的正常出库价，甚至低于厂家的最低出厂价。从表面上看，价格倒挂是下游经销客户在低价亏本销售，其实是因为下游经销客户将厂家或上游经销商给予的销售政策，拿出一部分来进行贴价销售，总体保持赢利。

2. 价格倒挂的弊端

价格倒挂会出现怎样的负面影响呢？

第一，价格倒挂使二级经销商、三级经销商及销售终端的产品价格低于一级经销商，一级代理商丧失价格优势，只能使用大量资金从市场上回购低价产品以摊低成本，从而使得产品回流到一级经销商。之后，一级经销商再通过其强大的物流配送体系引起重复销售、区域窜货、价格打压，结果价格一路下滑，利润一路缩水，市场混乱、渠道滞阻，危害深重。

第二，价格倒挂蚕食了上游经销商的利益，打击了上游经销商代理产品的积极性。长此以往，一级代理权就会无人问津，经销商只愿意做二级、三级分销，完全背离了厂家的初衷，最终将会使产品遭到市场棒杀。

3. 造成价格倒挂的原因

造成价格倒挂的主要原因就在于，厂家对传统商业分销模式的错误判断。在"终端制胜"的思路下，由于对终端市场的日益重视，厂家的销售重点是尽量实现产品在终端市场的消化，已不再单纯停留在调拨移库上。

因此，一般而言，厂家在进行产品经销时，首先在某区域指定1~2家一级代理商，然后归拢二级经销商到一级代理商拿货，再由二级经销商分销到三级经销客户，或者销售到终端客户。因此，厂家在制定政策时，往往会将优势重点向一级代理商的下游经销客户以及终端进行倾斜，这就诱发了价格倒挂。

造成经销商低价售卖商品的因素很多，主要有以下几个方面，见表1-1。

表1-1　　　　　　经销商低价售卖商品的因素

低价售卖因素	说　明
完成协议任务冲量	经销商为了完成厂家规定的协议任务而低价抛货

续　表

低价售卖因素	说　明
商品变现换资金	由于经营资金紧张，经销商利用厂家给予的资信赊销付款方式，或者用承兑付款方式，将商品低价套现，缓解资金压力
二级政策强于一级	二级经销商获得的厂家政策比一级经销商多，二级经销商将获得的部分政策折算到成本空间中，进行商品降价销售

4. 有效采取防止价格倒挂的措施

如何才能防止价格倒挂的出现呢？

（1）总体措施

为了有效防止价格倒挂，要采取这样一系列措施，如表1-2所示。

表1-2　　　　　　　　防止价格倒挂的措施

着力点	说　明
产品	针对同一成分和功效的产品，分别设计不同的包装，或者不同规格、不同剂型的产品组合，保证各市场产品供应不重叠
定价	明确出厂价格供货，加价销售，维持各销售环节的正常利润空间
渠道	首先，建立一级经销商直接面对销售终端的扁平渠道方式，保证货流效率；其次，严格区别市场，保证渠道政策不交叉；最后，限定销售区域，加强市场监控，维护渠道畅通，保证各区域经销商的既得市场利益

续 表

着力点	说 明
促销	严格分开商务和促销,不要把终端的开发和维护费用转移到渠道上来;同时,不要把促销费用作为价格补贴,防止价格下滑
结算	控制销售回款方式,执行现款现货操作
销量	根据自己的实际完成能力规定销售任务,任务尽量低定,甚至可以取消任务考核,防止冲量窜货

(2) 对一级经销商的销售策略

一级经销商是产品销售的源头,一定要确保源头不能乱。相关措施是:

①规范一级出库价格。一级经销商出货要加价销售,按现有商业利润水平。一级经销商最低出货价要保持3%的利润空间,从而调动一级经销商直接对终端配送的积极性,减少流通环节。

②严格区域销售。一级经销商必须在厂、商双方达成的商定区域内销售,严禁窜货,并且向厂方提供真实的销售流向,以便于厂家加强区域监管,防止恶性竞争。

③实行现款结算。严格执行现款现货操作,对于价格、区域等管理规定能够有效执行的一级经销商,可以考虑接受一定比例的银行承兑。目的是用现金交易的约束功能,防止经销商因资金问题出现低价变现的情况。

④减少销量任务。协议任务是造成窜货和低价的根本原因,尽量不要规定硬性销售指标,或者根据当地市场一级经销商的实际能

力，协议签小做大。

（3）对二级经销商的销售策略

由于二级经销商不直接在厂家进货，造成其市场行为存在较大随意性，往往是价格倒挂的始作俑者，因此应对二级经销商加大控制和约束程度。相关措施是：

①严格执行区域销售政策。二级经销商必须从区域内指定的一级经销商处进货，销售出库必须提供真实流向。

②降低返利比例。将对二级经销商的年均返利水平降低到0.5%~1%，使价格倒挂缺乏操作空间，制止商品倒流。

③不准低价销售。二级经销商最低销售价格不能低于一级经销商的最低出库价，保证顺畅的价格体系。

④落实奖罚。二级经销商只有严格遵守厂家和一级经销商制定的既定规则，才能得到年底返利，对于执行违规的二级经销商可以采取取消二级经销权、取消年底返利等措施给予处罚，约束二级经销商的市场行为。

（4）对终端的销售策略

终端是产品最终实现消费的场所。在保证产品价格稳定的基础上，对终端要逐一区别、分类促进、深度营销。应该注意的问题是：

①控制零售价格，保持零售价格相对稳定，不同卖点的价差幅度要小。

②加大销售终端开发和维护，用各种类型的宣传广告、终端促销、知识普及等形式跟踪终端销售，扩大市场需求。

③终端费用专项专用，不得把促销费用作为价格补贴，更不能把终端费用挪转到商业渠道上。

零售崛起：下游终端虎视眈眈

对传统经销商而言，近年来，上游厂家大搞通路扁平化，下游超级零售终端在迅速崛起，物流配送业又在虎视眈眈，经销商们赖以生存的利润空间越来越有限，具体而言，他们的生存威胁有以下几点。

1. 物流企业对经销商造成一定的威胁

传统经销商的工作，从形式上看，主要就是从上游厂家手里购进产品，然后按一定形式加价卖给下游的分销商或零售商，赚取销售的差价。所以，经销商的工作在很大程度上就是一种物流、分销的工作，只不过其中又增加了结算、维护市场之类的服务功能。

可是，对现在的经销商来说，已经有一些物流商看中这块市场，把触角伸向这个领域。他们现在不仅要完成原来的物流配送工作，也开始涉及类似于经销商的货款回收、终端精耕细作、市场维护等功能。所以，很多厂家已经取消传统意义上的经销商，直接把商品配送和市场维护的工作交给运作效率更高的物流企业了。

这样，对于厂家来说，一些全国联网程度高的物流企业，配送费用很低，而且还省去了一些中间分销环节，他们成本也更少，这样，传统的经销商的生存空间就更窄了。

2. 国有流通体系逐渐复苏

2005年，在我国流通业发生了一件大事——著名的"万村千乡市场工程"。我国商务部正式启动"万村千乡"市场工程，农村市场体系建设的核心是农村流通网络建设，将要力争用3~4年时间，在广大农村试点区域培育出约25万家农家店，形成以城区店为龙头、乡镇店为骨干、村级店为基础的农村消费经营网络。

据了解，"万村千乡"市场工程将覆盖全国70%的乡镇、50%的自然村，目的是"通过建立新型农村市场流通网络，改善农村消费环境，保障农民方便消费、放心消费，逐步缩小城乡消费差距"。

虽然"万村千乡市场工程"建设的核心是农村流通网络建设，但这只是一项试验工作，而且这项试验工作的表现形态也不是唯一的，可能会有超市，也可能会有物流企业，还可能会与各地的经销商互动合作、整合，但对于传统私营的经销商来说，无疑又多出一个体系更庞大的国有性质的竞争对手。

3. 厂商通路呈现扁平化发展趋势

最近几年，我国流通商业的渠道格局发生了根本性的变革，经销商的地位和处境也发生了变化。今天的营销渠道的颠覆性变革，对经销商最大、最明显的影响是上游厂商经销渠道由原来层级分明的模式向着扁平化方向转变，即厂商纷纷抛开中间的各种分销渠道而直接面对终端消费者。

众所周知，传统的营销渠道呈金字塔状，层次较多，属于长营销渠道。环节太多，会直接导致流通费用增加，营销效率降低，也给假冒伪劣产品提供了时间和空间。再加上经销商素质参差不齐，难以管理，随着买方市场的出现这种营销渠道已经不再适用。

短营销渠道简化了销售过程，缩减了销售成本，厂家也更加了解终端消费者的各类资讯，使厂家有了较大的利润空间，他们也愿意更多地承担流通职能。对于一些正在尝试扁平化渠道经营的厂家来说，对于经销商，要么直接取消，要么只把经销商定义为资金流或者物流服务商。

4. 国家对经销业的强制性制度规定

在过去，经销行业对于人们来说，基本上是没有门槛的，在政府管理部门注册后有的经营员工保险都没有买，可是如今，国家有关部门正在针对经销行业的管理进行立法和规划工作。例如，2007年1月商务部出台了《流通领域食品安全管理办法》的规定，为了保障老百姓食品安全，严格了市场准入制度和强行退市制度。

除食品行业外，在其他行业，有关部门还在考虑建立牌照式的准入管理制度。这对于在将来入市的经销商来说，每一个行业切入市场就有了较高的门槛，即每一个行业都会根据当前的行业基本状况和市场容量，设定一个较为固定的牌照数，只有具有一定的软件和硬件的商人，才有权竞争相关的经营牌照。

另外，这些法规出台之后，对于经销商的管理也更加严厉，与经销商相关的财务、税收、员工管理方面，都必须要按照更高的标准执行，既规范了市场，又保障了未来流通业的健康稳定发展，但对于更多小型、私营，甚至习惯于以前那种"赢利模式"的经销商来说，无形中又多了一层制约。

线上消费：加速渠道坍塌的科技元凶

简单来说，网上购物就是把传统的商店直接"搬"回家，利用互联网直接购买自己需要的商品或者享受自己需要的服务。专业地说，它是电子商务的一个重要组成部分。

电子商务是一种依托现代信息技术和网络技术，集金融电子化、管理信息化、商贸信息网络化为一体，实现了物质流、资金流与信息流的和谐统一，是贸易过程的电子化、网络化。简单来说，就是利用电子技术进行商业行为。

当前，我国电子商务经济发展呈现出一些突出特点：相关服务业发展迅猛，已经初步形成功能完善的业态体系；零售电子商务平台化趋势日益明显，平台之间竞争激烈，市场日益集中，开始出现一种新型的垄断（或寡头垄断）局面。

3分钟交易额突破10亿元；

38分钟交易额突破100亿元；

模式的革命

第一小时支付宝成功支付6283万笔；

……

没错，你看到的这些数据正是2014年在天猫以及淘宝"双十一"中创造的纪录，而这个纪录的创造者就是不久前在美国上市的阿里巴巴。

尽管此前人们普遍对于阿里巴巴天猫以及淘宝打破纪录已经做好了足够的心理准备，却依旧被大屏幕迅速滚动的数字所震惊。而"电商节"也让"光棍"们从凌晨就坐在电脑旁不再黯然惆怅，而是亢奋地盯着自己的购物车，随时准备付款。

自从2009年开始，"淘宝双十一"就伴随着我国电子商务的蓬勃发展而成为了全国乃至全世界的焦点。如今，"双十一"也早已经被公认是我国电子商务行业的年度盛事。不过，2014年的天猫"双十一"除了亮眼的纪录以外，还有许多值得说道的地方。

阿里巴巴目前已经于2014年9月19日在美国上市，目前其股价已经超越了美国传统零售巨头沃尔玛。作为阿里在上市后的首秀，其重要性自然无须多言。天猫"双十一"交易规模的大小、阿里在我国电商节日中占有多大的比例、阿里对于我国电商的影响以及从"双十一"中获得的切实利益都会影响到投资者的判断。

在11日交易仅仅3个小时，阿里的股价就突破117美元。在一路良好上涨势头，股价纷纷被多方看好的情况下，"双十一"与其说是阿里的试金石，不如说是一场肌肉展示秀。

英国《金融时报》称，电子商务公司已将我国"光棍节"转变为世界上最大的网购日。然而，网购一边给电商企业带来巨大的财富，另一边也给传统经销商带来了巨大的冲击。

当"亲，全场包邮喔"这样的促销语言诱使你忍不住点击"下单"按钮，最终做出选择的时候，足以体现了网络服务无法抵挡的吸引力。网络不仅拥有丰富多彩的产品、便捷轻松的浏览体验，还有低廉的价格、包邮的服务和触动心弦的促销活动。更为重要的是，网络成就了一批因为资金的压力而无法创业的人群，开网店投入少、见效快，更多抱有老板梦想的青年人都在这里得到了充足的机会。

目前，淘宝网点数量已近600万家，每天还在以万家的速度增长，这样的交易方式已经形成相对稳定的供应群及购物群，他们之间的利益交换形成了相对稳定且逐渐增长的热气团，这就对传统的经销商构成了强大的威胁。

物流配送：物流抢经销商市场份额

传统经销商的工作，从形式上看，主要就是从上游厂家手里购进产品，然后按一定形式加价卖给下游的分销商或零售商，赚取销售的差价。但遗憾的是，如今一些物流商已经看中这块市场，把触角伸向这个领域，传统的经销商的生存空间就更窄了。

在国内某些行业和某些区域，物流业已经显现出它的攻击力，在几个经济发达地区已经出现了多家新型物流公司，这种物流公司有车队，可以到厂家取货，在区域范围内，实现"点对点"配送，且可以进行货款代收和终端陈列维护等系列服务。

在某种程度上，这类物流公司所做的工作比传统经销商所做的工作更加到位、更加有效率。这也导致这些地区有些厂家已经开始取消传统经销商，而把市场经营和配送权交由这类物流公司。

在湖南、湖北的母婴用品行业，快递（物流）公司的出现，使得半数以上的母婴用品经销商陷入了困境。这类快递公司在两湖地区可以实现对一个县级市的商品快递服务，也就是说，即使是一个县级市的小门店，都可以通过网络或电话订货，然后厂家通过快递公司发货；即使只是一打奶嘴，也可以直接向厂家订货，既然如此，还需要什么经销商呢？

现在，物流业的全国联网程度越来越高，配送费用越来越低，服务功能越来越齐全，生产企业与物流商合作，把产品送到零售商手中，甚至直接送到消费者手中，省却了经销商的存在价值。经销商的经营风险越来越大，许多经销商一年辛辛苦苦却没有利润甚至亏本。随着行业调整的加深，这种风险将会进一步加剧。

面临这样严峻的局势，许多厂家进一步加大市场力度，加强对市场的直接管控，许多经销商成为厂家的配送商。

经销商如何扮演好物流配送商这一角色？如何才能更好地赢利？做好物流配送商需把握以下两点。

1. 合理控制好成本

在物流体系日益发达的今天，物流成本却一直居高不下，节约了成本就等于增加了企业的赢利。因而，经销商的物流配送在运转过程中，必须努力为自身探索降低成本的途径，在进行配送活动时，力求流程成本的最小化。配送流程的优化不单单是企业降低成本的需求，而且是物流体系发展的关键。

①在配送物流成本管理中，要协调好总体成本最低同个别物流费用降低之间的关系，坚持总体成本最低的原则。

②在配送过程中实施物流成本预算管理，必须按照承担管理责任的各个部门或个人编制预算，明确责任，同时配合进行业绩分析和评定。不管是出库还是入库，都要有相应的交接手续，划定各个环节责任人，实行岗位责任制结合业绩激励制度。

③在经销商物流配送过程中，必须按照配送合理化的要求，在全面计划的基础上制定科学的、距离较短的货运路线，选择经济、迅速、安全的运输方式和适宜的运输工具。例如，找有经验的司机，给车辆安装全球定位系统（GPS），实行一人一车，划定配送区域范围的配送方式。

④合理的规划是降低运营成本的重要措施。在淡季通常车辆和人员都有一定的空闲，这时可以安排工作人员开车到周边市场开发新客户，拜访老客户，顺便为即将到来的旺季做市场调查，了解市场需求，以方便旺季时节的合理库存，以及更好地掌握价格动向和消费需求，以便在产品提价之前备货。

2. 提高配送效率

在日常经营中，供货速度不但决定着商品的流通速度，还对经销商在客户心中的信誉有着重要的影响。因而，在配送过程中，提高配送效率显得尤为重要。

①为了配货的效率化，应该将出库频率高的商品存放于出库用传送带或电梯附近，在易于存取高度的货架位置放置保管；补充用商品放置于货架的高处或最下方，可以经常方便地进行补充；零散商品预先进行零散存放；可以采用商品先进先出的重力形货架，从货架的前部取货、从后部进行补充。

在配送活动中，仓储可分为两种形式：一种是暂时储存，另一种是储备形态。一般来说，暂时储存形态仅适用于周转率大的商品，今天进仓明天出货的商品最适于利用仓库首层暂存区放置。储备是基于安全库存的考虑，按照一定时期配送活动要求和到货周期有计划地确定的能够使配送活动持续进行的库存数量和形式；储备形态则适用于在仓库存放一定时期的商品，一般放在货架上。

货位管理是提供一个静态货位、动态商品的储存模式。货位与货物互为关联，易于寻找，降低盘点、分拣、搬运等仓库作业时间，提高效率。

②在旺季的物流配送中，不仅要频繁供货，还常常涉及补货、换货等问题，经销商总是容易忙得应接不暇。所以，提高旺季的供货效率显得尤为重要。

面对旺季的大量配送需求，为了合理利用车辆和人员，应采取以淡季需求配置人员，旺季实行混合配送的配送方式。除了本区域自身配送外，针对较远的区域，一般会采用第三方物流代为运送。

如果临时有大批量配送或需配送的客户数太多，可以采取租用车辆的方式。这种租用方式以日计算，每天多少钱不用另支付其他费用，但必须有配送人员或业务人员的配合。同时，可以安排一定的备用车辆，用于补货和应对突发情况。也可以通过给客户让利的方式鼓励客户自己上门提货，如果给对方配送则根据情况决定能否一定程度地上调产品价格。

国际资本：强制本土经销商洗牌

外资经销商进入市场后，通常会先选定特定的行业或区域，主要以他们最擅长的资本运作为纽带，经销的产品则主要是国际通用的商品，参与的实体则是一个"集团军"，包括投资商、担保公司、市场调查公司和一些公关公司。

经营模式一旦开始运作，通常是几个省和大区同时开始作业，选定区域后，先由本土调研公司作专业的调研，了解区域内该行业经销商基本状况、各家经销商的资源现状及业绩状况、行业的具体渠道特性等细节。然后，由公关公司进行沟通，选择几家较好的经销商，以解决这些经销商资金和管理为饵，企图达成合资，之后双方开始洽谈。

外资即以现金注入公司股份，控股权主要由中方控制，外资则主要提供资金和技术方面援助，条件是用以打击当地同行经销商。在利润的驱使下，一般该经销商会在短短数月之内成为该行业在当地最强的经销商，同行的竞争对手所剩无几。

模式的革命

　　同时,在全省的各个地方市场,这些操作都会同时进行,几个月后,外资基本上就可以对该行业的渠道达到一定程度的"垄断"。最后,他们将所掌握的经销商资源进行整合,找上游厂家进行谈判,就能拿到订单,往往会占厂家市场份额的30%以上。

　　外资进入我国市场后,就会以资本为纽带,通过一种市场力量强行"垄断"本土渠道。这种令人恐惧的力量,会给我国传统的未经改造的流通企业以毁灭性的一击。

第二章
生存与灭亡，值得考虑

地盘萎缩：市场边缘化，失去核心市场

渠道的作用是什么？分销！分销的功能就是物流（仓储和配送）、融资、服务和信息沟通与反馈。但在制造商的眼里，这些规范的功能似乎只有新兴的有着规范管理和运营体制的零售商才能具备，经销商管理水平差，信息化程度又不高，通常只能充当配送和仓储的苦力，"高技术"的活他们揽不了。

果真如此吗？不一定！今天，国内的几大零售大鳄都是由经销商演变而来的，事实上，经销商的血统使得他们在商业中所承担的功能与传统的经销商大同小异。所有的物流、融资、服务和信息反馈的分销功能，经销商其实都具备，但为什么会在制造商眼中留下如此顽劣的印象？一个最为主要的原因就是我国经销商在自我竞争能力提升上的不作为和整体形象传播上的不作为。

自我竞争能力提升上的不作为，让经销商与零售商在分销功能的对垒上渐行渐远；整体形象传播上的不作为，则无辜地将一部分经销商自我良好的素质埋没在尘灰里，导致制造商的视而不见。

有人认为，零售商在整个渠道中地位的打造，是源于零售商一开始便炮制出了一套自我的新规则，这套规则可以让制造商俯首称臣，甘于被榨干最后一滴血汗，而经销商则是这套规则中的牺牲品。

模式的革命

我国经销商阶层兴起于 20 世纪 80 年代。80 年代中期是起步阶段，80 年代后期步入发展的黄金时期。这个时期，不少经销商凭着胆子大、动作快、勤劳、有经验，甚至包括某些关系进入经销领域，享受"倒手"中的差价利润，很快脱贫成了经销大户，迅速积累起了资金和不算健全但覆盖很广的销售网络。随着各种专业及农贸市场的兴起，个体私营的批发商以其灵活多变的机制优势，把国营糖酒公司、百货公司和百货商场等原有的计划渠道网络冲得七零八落，我国市场分销通路出现了第一次大重组。

从 20 世纪 90 年代末开始，我国经销商总体上从黄金时期转入困境时期。曾经风光一时的我国大经销商"郑百文"2000 年的破产就是一个象征性事件，"淘汰经销商""踢开经销商""告别中间商""直供时代来临"等呼声在各行各业越来越高涨。更实质的问题是，许多跨国公司和本土大制造商因"头痛经销商"而开始动手术，以整顿经销商、通路扁平化为主要内容的种种通路改造工程越来越多。

随着终端势力的强化以及大型超市的迅速发展，更使经销商作为分销通路出现了第二次大重组，其主要特征是经销商的位置由通路中的核心地位转向边缘化。其实，这只是一种表象！经销商最为沉痛的过失，在于自己的不作为。

不可否认，零售商在物流、融资、服务和信息反馈上已经建构起了自己的优势，但经销商也犯了一个不可饶恕的错误，就是形象"猥琐"，既然自己也具备所谓"零账期"的功能，为什么不能让制造商清晰地听到自己的声音，并看到自己的真面貌呢？

具体来说，我国经销商有以下顽疾：

①我国的经销商市场运作的效率低下。市场运作成本高、业务员生产率低、库存周期慢、缺乏高效标准的业务流程，需要制订自己的业务流程。

②管理信息化程度低。

③管理水平提升缓慢，客户开发与经营滞后。

④经销商以激励代替管理的销量获取方式，底薪多少靠销售提成激励手段过于单一，在传统的经销商阵营里，还没有产生特定的职业经理人阶层。

⑤不能独立为厂家提供高质量、全面的分销服务，不能帮助下级经销商与零售商建立生意发展计划。

⑥坐吃老本，不会开发新客户。

⑦不抓紧时间学习如何与现代通路打交道。

⑧内部管理不健全，执行力差。这是我国经销商的通病。

⑨高度集权的管理模式。很多时候的失误老板一个人说了算，判断和感觉失误造成了利润的降低。经销商往往有很多不良库存，又喜欢盲目进购一些产品，希望获得暴利，感觉一错就使资金压死，也有本分这样的原因。

⑩管理职责不清。销售部经理、财务部经理说话，不如老板一句话，老板喜欢越权管事。

⑪不稳定的管理机制，变化太多让人无法适从。

⑫人员整体素质低。

⑬规模和赢利不足以吸引高素质人才的加入。

⑭管理者的普遍素质不高,有家族化管理的嫌疑。

结果,经销商的地盘越来越小,沦为厂家屯边部队:市场边缘化、细分化,失去核心市场,被迫沦为厂家屯边部队,成为厂家耕耘长尾市场的游击部队。

地盘越来越小,主要是因为品牌市场成熟度越来越高后,核心的、繁华的、重要的区域,不断被厂家以各种理由收回直营或者被分割给其他新客户;市场边缘化,主要是随着终端卖场势力的兴起,传统的经销商很难适应现代化渠道的经营管理,而且卖场直接和厂家谈判,从而导致被挤出繁华的都市,市场被边缘化。

重要的渠道被厂家全面直营,来自厂家市场发展、经销商自身能力和终端连锁化的三方压力,从而导致经销商失去了好市场、好渠道,市场越来越小、渠道越来越差。

权利旁落:赚取配送费,失去市场主动权

经销商的权利越来越小,沦为厂家纯物流商:赚取配送费用,失去市场主动权,商家更换配送商成本较低,自己被动受制。

权利越来越小,一方面是因为企业营销中心、市场中心、销售中心的市场管理及经营的能力越来越强,导致传统的经销商被迫跟随企业步伐,成为企业市场大军中的一个小兵。

另一方面,随着市场竞争越来越激烈,传统的经销商在面对现代化的竞争环境和压力时很难承受各种市场风险。例如,经营现代流通的资金量、管理成本、账期等压力,最后被迫沦为厂家的一个

区域纯物流商，只能给厂家交定金和保证金，为厂商搬运货物，提供中转仓库，赚取5%~10%的配送费用，车辆人员油费自己承担，厂家赚大钱，自己赚小钱。而且，一切行动听指挥，规规矩矩，不乱说乱动，没有权利参加各种厂家的市场管理和经营会议。

众所周知，经销商在一线战场上占有十分重要的位置，尤其是在资源紧张的当下，经销商发挥着不容疏忽的重要作用。经销商要意识到自身位置的重要性，不仅为公司亦为自身展开追求更为宽广的未来，如此才能找到更适合自己的出路。

经销商是生产企业与消费者之间的桥梁，将产品提供给消费者，又将顾客的消费需求反馈给企业，经销商营销对于销售的重要作用不言而喻。然而，随着行业市场竞争的加剧，经销商面临着比以往更加艰难的挑战。

经销商群体的生存空间发展到一定阶段后会骤然变小，因为经销商群体迟早要踏上艰难的转型之旅，那么，经销商如何在转型过程中增强市场适应能力，在新的一轮博弈中领先制胜呢？

1. 对经销商群体的发展趋势有个清晰的认识

在过去，经销商通过代理知名名牌就能获得成功，但相应地同一个知名名牌有越来越多的经销商代理，竞争趋势愈演愈烈。经销商要提升自身素质，增强专业性，并且承载起市场推广和渠道运作，以及售后服务的功能。

未来，经销商与厂家也许会逐渐形成对等的地位，客户不只需要一个进货的供应商，更需要业务顾问向他们传授先进的营销管理理念、营销管理实战方法、客户培训服务等，这些都要求经销商在与厂家合作的同时提升自身的专业素养。

2. 经销商要学会和品牌一起成长

并非代理一、二线品牌就必然比代理三、四线品牌成功，经销商必须对品牌有理智的看法。经销商要与其所代理的品牌一起成长，树立长期合作的观念，与选择的厂家成为战略合作伙伴，长期合作、深度合作。同时，经销商也应当理解、接受厂家的营销理念，配合厂家的营销策略，二者形成愉快的合作。

3. 将厂家看作自己最重要的客户

学会与厂家打交道，是经销商最重要的一门功课。除了传统的分销、物流、品牌推广外，还可以为厂家提供及时收集和反馈市场信息、做厂家的"经营顾问"等增值服务，用增值服务培养下游客户的忠诚度。

利润降低：市场管理与经营成本日趋升高

如今，经销商的利润越来越小，沦为厂家吃喝喇叭：厂家赚钱如流水，自己赚钱赔口水，市场管理和经营成本越来越高，使得经营利润越来越小。

利润越来越小，已经成为困惑很多经销商的难题。流通行业流传着一句话，即8个点的利润是保本，15个点就是暴利了。然而在目前的市场竞争环境下，随着市场价格的透明化、市场经营成本的复杂化和市场经营机遇的缺失化，经销商不仅经营利润越来越小，而且很难有机会赚到大差价。一些经销商都在说，现在经销产品的毛利太少了，一年靠批发赚不了多少钱，生意真的是越来越难做了。

利润越来越小，是因为市场发育越来越成熟，从而使得市场竞争越来越激烈，经销商很难依靠成熟的品牌和产品赚取高额利润，这是市场发展的必然结果。

1. 经销商无法控制利润下降

在当前，市场已经告别了以往的暴利时代，在这段艰难的日子里，不仅是企业难熬，不少经销商也是叫苦不迭。面对下滑的利润，经销商亦是难以控制，他们会有一个"亏损容忍度"或者说是"赢利预期"，在这个弹性之内，有些经营者往往以牺牲单个利润中心的利润率来换取整体与利润单位数量不成正比的总利润。可是，依然无法控制利润的下降。

①消费者对降价产品的价值认知发生变化，产生购买迁移，如给老板的商务通一旦给了司机，那老板肯定不会再用了。

②降价导致诚信下降：一方面是通路成员害怕再次降价受到损失而失去推广积极性；另一方面是通路利润空间下降，失去推广动力。所以，一旦经销商降低了单位产品或单位业务的利润率，想恢复是很困难的。

经销商真正要做的不是大，而是怎么让消费者看见你的产品，购买你的产品,谈论你的产品,使用你的产品,宣传你的产品,并达到向别人推荐的过程。

2. 实现规模赢利的前提条件

面对这种情况,经销商如何实现赢利呢?

首先,提供的消费价值足够宽泛,能够覆盖最广大的人群,建立认同标准,形成资源凝聚平台,产生依赖和信赖,这种情感足够产生溢价能力。目前,成本是一个快速的切入方法,足够低,就会带来独一无二的低价或者低价认同。这也与规模产生的规律有关。规模在最初的时候不是以大呈现的,而是以尖锐突出的,这种尖锐还会继续不断放大。

其次,快速扩张营造高的社会效应,产生较为普遍的第一联想能力,转化为认知;或者,更多的接触人群带来更高的人群认同价值,转化为美誉。

3. 如何实现规模赢利

①提升市场占有率或者销售额。可以用人们的交易量来分摊经营过程中的固定成本,降低经营风险,获得绝对竞争优势,转化危机。

②现金流优化。用更多的人流量来提升现金流质量获取溢价价值,获得比较竞争优势,增加企业生命长度。把别人比下去,自己独得最后的美餐。

③销售量和多元化。靠大的交易预期和连带能力,为供应商提

供多的产品出路。通过为连带企业增值的方式形成多厂商多产业合作的形式,形成一种大的稳定的产品销售和增值平台,这在渠道和零售中最普遍。

猎鹿博弈:经销商之间恶性竞争,没有善意合作

经营者与经营者之间存在"猎鹿博弈",只有恶性竞争,没有善意合作。

> 张女士刚买了新房,入住前特意与家人到家具市场转了好几圈。购买餐桌时,考虑到健康的需要,她在一家具市场选中了一张橡木餐桌以及四把椅子。购买时,商家称第二天送货上门,让张女士交纳了全部货款。
>
> 可是,等家具运到家时,张女士却发现其中一把椅子有磨损,餐桌的颜色也与当时看中的有差别。张女士马上要求换货,经销商却说:"椅子磨损的地方用油漆刷一下就看不出来了,而且店里只剩下最后一张餐桌,已无法更换。"张女士想退货,对方却以"售出后概不退货"为由不答应。

随着商家的不断增加,本已趋于饱和的市场竞争显得异常激烈。这也导致了市场鱼龙混杂的局面,一些不良商家的"坑骗"行为屡见不鲜,对市场的良性发展产生了危害,同时也严重损害了消费者的利益。

张女士的遭遇并非个例。一位从事家具行业多年的业内人士透

模式的革命

露，目前，家具生产企业的市场准入规则不健全，手工式作坊遍地皆是。部分小厂家为追求利润，就会采用"偷梁换柱"的办法欺骗消费者：在市场展厅摆的样品是用大品牌优质材料制作的，货仓内的大部分商品用的则是低等材质，交货的时候就用这些货物欺骗消费者。通常情况下，由于多数消费者是外行，一般发现不了；即使消费者发现了，但在合同上面没有注明，只能自认倒霉。

行业的整体水平取决于经营行为是否规范，有些经销商为了吸引消费者，夸大产品的功能，片面强调某项指标而忽略其他指标，这样的经销商是无法健康持续发展的，随着消费者对产品的了解的加深，对行业的进一步了解，这些经销商的发展令人担忧。

无独有偶！有一种直接扼杀的方法发生在雪花啤酒和燕京啤酒之间的战场上。

2010年5月，啤酒消费刚刚进入旺季之时，雪花啤酒经销商向媒体爆料称，公司为推进北京市场专门研发的迎合北京消费者口味的原汁麦啤酒，铺货到北京各区销售终端小店铺后，竟会不翼而飞，终端市场几乎买不到该产品。

调查发现，燕京啤酒的业务员通过两箱换一箱或是三箱换两箱的方式，将雪花啤酒换走，或是当众打开倒入垃圾桶销毁，或是以十分低廉的价格重新放回市场扰乱雪花啤酒的正常价格，甚至还将大量啤酒集中在一起，于烈日下暴晒多日直至啤酒变质后，再送回市场。

随后，雪花啤酒在自己的"主场"武汉也如法炮制，在终端上"扼杀"燕京啤酒,上演了"以其人之道还治其人之身"的大战。燕京啤酒经销商称,雪花啤酒工作人员强行用雪花啤酒换走燕京啤酒,使燕京啤酒在武汉的销售大受影响。

值得关注的是,以上恶性竞争事件均发生在一些特定的行业,这些"多事"的行业主要有三大特点:

①发展尚未成熟,企业座次还不稳定,末尾企业时刻面临着被淘汰的风险,若不能抢先分得一杯羹,就会被对手击垮;

②行业市场本身就是红海,因市场空间有限,只能靠"此长彼消"从竞争对手中争抢份额;

③行业内很难存在独一无二的核心技术,尤其是一些传统制造业附加值低,竞争更为直接。

市场经济体制之下,行业发展和竞争环境都已经市场化,然而一些行业管理思想、运营模式、研发能力相对滞后;行业的竞争还处于初级阶段,各品牌尚未拥有忠实的客户群,厂家无法拼研发实力、拼品牌,只好在终端促销上卖力走量。这些都是特殊的恶性竞争,而一般在我们身边随处可见的大多是价格竞争,而价格竞争有可能代表的是质量问题。

价格低廉战之后的是品牌数量战,在激烈的市场竞争中,不少经销商意识到要生存,必须要以品牌为依托,如今,大多数的经销商都开始或已经创立了企业的自主品牌,但不难发现,很多经销商在创立一个品牌后,很快就会接着出现第二个、第三个或者更多。

品牌主要体现的是产品的风格和企业的文化精神,一个品牌能让消费者关注、记住它必定得有它的特性,品牌特性的体现恰恰需要的是产品的风格和经销商的文化精神。当经销商没有一定的内涵和沉淀时,多个品牌同时创立很容易在风格和理念上雷同或相似,这样往往会模糊消费者的视觉,品牌的风格也会渐渐固化。

囚徒困境:经销商与厂家互不信任,不能深度合作

经销商和生产者之间存在"囚徒困境",互不信任,不能深度合作,只是简单的利益捆绑,在终端利益减少的情况下,互相践踏,两败俱伤。

A品牌是全国十大饲料品牌之一,周经理所辖的B县是养殖大县,饲料需求旺盛,每月饲料需求量不低于2000吨。而A品牌在B县的销售只有一个一级商——郭老板,其每月销量不足100吨。

郭老板经销A品牌已有10余年的时间,其发家史是伴随A品牌一起成长的。销售高峰期每月销售A品牌饲料达到600吨,生意一步步做大,而郭老板越来越缺乏激情,每天沉溺于吃喝玩乐。

看到A品牌在B县销量大幅滑坡,每月不足100吨。周经

理下定决心：再寻找和开发一个有实力的一级商。通过调查与筛选，周经理选择了黄老板。黄老板以前经营小煤窑，年轻有冲劲，有一定的经济头脑，资金实力很强。

通过分品种经营，周经理便指定专人定点帮助黄老板开发零售终端网点和终端宣传与推广，不到一年的时间，黄老板的A品牌饲料的销量就由20吨/月增加到200吨/月。郭老板听到这个消息后，产生了一种挫败感，导致销量逐渐下滑。

导致如此结局的原因在于经销商与厂家尚未建立良好客情关系。厂家刚成功开发经销商不久，经销商与厂家关系尚处于磨合期，经销商还在考察厂家及厂家产品，对厂家产品还处于试销状态。这时，厂家若再开发另一家经销商，会使经销商对厂家产生不信任感，从而放弃对厂家产品的经销，最终导致厂家开发一个经销商流失一个经销商。

厂家与经销商的关系就像小两口过日子，"鲜花插在牛粪上"那是经常事了，难免吵吵闹闹，总不能一见不和就来个棒打鸳鸯，告诉女方："跟这穷小子离婚吧，我帮你介绍个大款！"任何问题和矛盾的产生都是基于一定的历史条件，并有其客观的原因，可以尝试从以下两个方面来分析。

1. 厂家方面的原因

一个没有实力的经销商对于知名品牌及热销产品追捧还来不及，怎么可能会不配合工作？这只能说明该品牌在当地没什么影响力、销量一般，或者在合作的过程中厂方也存在很多做不到位的地方，最根本的原因是经销商赚不到钱。这时，就必须要换位思考。

①拖欠经销商费用、业务员和经销商维持不正当财务关系等，使得经销商心中窝火。

②产品出现质量问题处理不当、发货不及时、业务员给经销商开空头支票、经销商的库存过大，而厂方促销政策却迟迟不到位，从而引发经销商的不满。

③由于思路方法不对路，多次进行大规模的市场推广没有效果，厂家又缺少市场支持，经销商对产品缺乏信心。

④区域经理开展工作过于高调，摆领导架子，看不起弱小的经销商，伤及了经销商的自尊心，让经销商反感。

2. 经销商自身存在的问题

①资金紧张，没钱打款。

②态度不端正，对公司产品不重视，代理多个同类产品或正在受到竞品拉拢。

③内部管理混乱，对于工作三天打鱼、两天晒网。

④受经营思路的局限，市场一直难以突破，生意困顿。

⑤服务意识差，渠道网络客情、口碑差。

⑥存在侥幸心理，违反公司规定，低价向外地市场冲货、拦截公司费用等。

⑦业务团队薄弱，执行不力等。

麻将博弈：经销商与二批商，简单消费，难建忠诚

经销商和二批商之间出现"麻将博弈"，只是处在简单的客情和促销合作的基础上，对共同创造价值的认识还差得很远。

谈到客情关系维护，很多经销商感觉近年来客情关系维护的成本是越来越高了：送货不要钱，还要给别人搬到指定地方；最难受的还要看别人脸色，卖你的货是给你面子，活生生的一个搬运工。

其实，所谓客情维护是指在规定的销售政策之外，充分调动各种资源及运用个人的努力与魅力给予客户情感上的关怀和满足，为正常的销售工作创造良好的人际关系环境，为客户创造不间断利益，即在一定的物质利益基础上，多方面努力建立越来越稳定的客情关系。

那么究竟怎么着手进行客情维护呢？具体来说，可以从以下几个方面入手。

1. 给自己确定一个正确的目标

要找对二批商，这是前提。找对一个人，活了一盘棋！要找到信誉好、有推广能力、有提升潜力的二批商，不论他是大是小，小客户可以逐渐培养。

俗话说，"男怕入错行，女怕嫁错郎"，和一个信誉不好的二批商做生意后果可想而知，与狼共舞不会有什么好结果。那些信誉不

好、见利忘义的二批商要坚决淘汰掉。

2. 找一个好的平台

要找几个真正有实力、产品质量过硬的厂家做你的后盾。现在，行业竞争越来越激烈，产品同质化越来越严重，这就需要经销商独具慧眼找到和其他经销商有差异化的产品，和别人有不同卖点的产品。

差异化不是指偷工减料、瓶子粗一点或瓶底凹陷一些等。二批商都不傻，他们是最聪明、最狡猾的人。产品质量是前提，现在二批商都明白过来了，卖好产品同样挣钱，但是钱挣得更理直气壮，说话底气更足。经销商绝不能以牺牲产品质量的短视行为去获取市场，否则失去的将更多。

3. 至少要让二批商挣到钱

没有永久不变的朋友，没有永久不变的敌人，只有永久不变的利益，政治场上的名言用到生意场上同样适用。

许多跳槽业务员和一批商的关系是不是有"人走茶凉"这样的感觉，"人走茶凉"的真正原因是什么？没有持续维护客情关系，没有继续给客户带来利益，说白了就是你没有继续帮客户挣到钱。

商人无利不起早！不做生意我们还是朋友，来到我这里我可以请你喝酒吃饭，一次两次可以，十次八次可以，但是时间久了你是不是感觉有点不好意思？如果你有许多质量过硬，适销对路的产品，让他挣到了更多的钱，相信客情关系会越来越好，愈久弥坚。二批商也是这样，只不过他们表现得更为明显一些。

4. 了解二批商真正想要什么

抓住二批商最关心的问题，抓好二批商的下线，做好产品的售后服务。二批商的下线是什么？是消费者。如果把消费者的购买欲望调动起来，那么你就掌握了市场的主动权，想销售什么就由你说了算。然后再发展部分后备二批商，让他们感觉到危机感，进而对你产生依赖，使其产生离开你不行，没有你的产品他做不成生意的感觉。

5. 做一件真正让二批商佩服的事

不要流于口头，要从思想和行动上改变、引导二批商。

有一年，李海负责公司市场业务时到某区域做市场调研，由于年纪较小且貌不惊人，经销商口中不说也能看出几分对方对他的态度。

经销商让李海吃饭，他没有去。同其了解大致情况后，直接到乡镇去调查市场。经过两天走访，李海回来后就和经销商详细沟通并且制订出一套适合本市场的促销方案。实施后，结果大出经销商预料，经销商相当满意。后来，李海说什么就是什么，经销商非常配合，两人成了无话不谈的铁杆朋友。

做好顾问式营销，你有别人值得佩服的地方，因为每个人都想了解自身所不知道的东西。

6. 用心做好每一个细节

可能一件小事就能改变一个人的观念，没有人能拒绝真正为他着想的人。现代社会锦上添花的多，雪中送炭的少，如果在关键时刻能帮二批商一把，那么他一定会死心塌地主销你的产品。

某市场一个经销商得知一个二批商的小孩出交通事故后，主动找人托关系帮忙，圆满解决了二批商的难题，从此经销商在二批商心目中的位置和以前大不相同，双方在以后的合作中非常顺利。

7. 像对待自己的孩子一样对待二批商

该打就打，该骂就骂，该疼就疼。这句话很大气，人总是要有点脾气的。现在很多经销商说二批商都给惯坏了，不服管教，甚至有点胡作非为。要从思想上改变二批商对经销商的看法，让他明白我们都一样。

相信一句话：一切愉快、有意义的合作都是建立在平等互利的基础上的！

智猪博弈：经销商与员工，互相掣肘，难有作为

有些经销商跟员工基本上处于"智猪博弈"的阶段，互相掣肘，难有作为，发展艰难。想转型，苦于没方法、怕损失而郁郁寡欢。

关于"智猪博弈"有这样一个故事。

> 猪圈里有两头猪，一头大猪，一头小猪。猪圈的一边有个踏板，每踩一下踏板，在远离踏板的猪圈的另一边的投食口就会落下少量的食物。
>
> 如果有一头猪去踩踏板，另一头猪就有机会抢先吃到另一边落下的食物。当小猪踩动踏板时，大猪会在小猪跑到食槽之前刚好吃光所有的食物；若是大猪踩动了踏板，则还有机会在小猪吃完落下的食物之前跑到食槽，争吃到另一半残羹。

这两头猪都是聪明的猪，它们会对自己的行为作出选择。小猪会采用"搭便车"行为，即舒舒服服地等在食槽边；而大猪则为一点残羹不知疲倦地奔波于踏板和食槽之间。原因何在？因为小猪踩踏板将一无所获，不踩踏板反而能吃上食物。

对小猪而言，无论大猪是否踩动踏板，自己不踩踏板总是好的选择。反观大猪，已明知小猪是不会去踩动踏板的，自己亲自去踩踏板总比不踩强吧，所以只好亲力亲为了。

对于经销商来说，这种行为是有害无利的。"智猪博弈"的结论似乎是，在一个公平、公正、合理和共享竞争环境中，有时占优势的一方最终得到的结果却有悖于其初始理性，必须谋求一定的改进之道。

方案一：减量，投食为原来的一半分量。

结果是小猪大猪都不去踩踏板了。小猪去踩，大猪将会把食物吃完；大猪去踩，小猪将会把食物吃完。谁去踩踏板，就意味着为对方贡献食物,所以谁也不会有踩踏板的动力了。

方案二:增量,投食为原来的一倍分量。

结果是小猪、大猪都会去踩踏板。谁想吃,谁就会去踩踏板。反正对方不会一次把食物吃完。小猪和大猪相当于生活在物质相对丰富的"共产主义"社会,但竞争意识却不会很强。

方案三:减量加移位,投食为原来的一半分量,但同时将投食口移到踏板附近。

结果,小猪和大猪都在拼命地抢着踩踏板。等待者将不得食,而多劳者则多得。每次的收获刚好消费完。

不完善的激励机制会给经销商造成重大的损失。"智猪博弈"原模型的激励机制一旦在经销商中得到应用,会产生严重的后果,出现"小猪躺着大猪跑"的现象。

首先,"大猪"做很多事情却回报甚少,他可能会选择离开这个是非之地。同时,"小猪"会继续扮演其受益者的角色,成为"坏一锅汤的老鼠"。长此以往,经销商将受到挑战,这种激励机制的结果是,经销商中会留下越来越多的"小猪"。因此,经销商想要生存,想要发展,就必须建立完善的激励机制,避免出现上面所述的问题。

人力资源指数=能力×意愿。姑且先不谈能力,就员工工作意愿而言,要满足员工需求。我们用马斯洛的需求层次去分析这个问题,提高工作意愿可以满足员工的以下五个层次的需求:生理需求、安全需求、社交需求、尊重需求和自我实现需求。就这五个层次而言,需求必须是逐层上升的,所以,较低层次的需求必先被满足——归根就是生活必需的钱。

工资、奖金，就是每个月打到卡里的钱数。员工工作缺乏热情，没有主观能动性，怎么办？想激励，如何激励？短期内，采用薪酬激励；长期，则需要更改分配制度，完善关键绩效指标（KPI），建立目标责任制。员工都是很聪明的，套用上面的模型，有以下几种执行方案。

方案一：减量，工资降低。

结果是新员工、老员工都不干活了，谁干活，谁吃亏，干得越多，亏得越多，最终都跑掉了。

方案二：增量，工资倍增。

结果是新员工、老员工都会拼命工作，但是这个物质相对丰富的"共产主义"社会，成本太高，竞争意识太差，不是老板的初衷。从长期而言，"激励因素"变成了"保健因素"，对员工也没有激励作用。

方案三：减量加移位，降低工资总额，调整薪酬结构。

员工的所得，与个人业绩挂钩，多劳多得，不劳不得。工资少了，奖金多了，总收入增加了，这个结果是员工和老板都乐于见到的。

人力资源是经销商发展的关键因素，也是经销商企业的战略性资源。所谓激励，是指激发员工的工作动机，是人力资源中的重要内容，即用各种有效的方法去调动员工的积极性和创造性，使员工努力去完成组织的任务，实现组织的目标。因此，经销商实行激励机制的最根本目的是正确激发员工的工作热情，使他们在实现组织目标的同时实现自身的需要，增加其满意度，从而使他们的积极性和创造性继续保持下去。可见，激励机制运用的好坏在一定程度上是决定经销商兴衰的重要因素。

合适的、完善的激励机制将对经销商产生巨大的收益。反之，如果激励不当，将对经销商的发展造成阻碍。经销商要运用好激励机制，使其在经销商管理中发挥积极的作用。

当然，完善的激励机制不是短时间内就可以建立起来的，它必须经过时间的考验。经销商要构建一个完整的激励体系，首先，要依据经销商的发展战略目标，形成相应的激励指导思想；其次，在此基础上选择合适的激励方式和方法，根据经销商的特性，针对不同对象实行不同的激励。

经销商能否成功地对员工实施激励，发挥员工的积极性和创造性，直接决定其未来的市场竞争地位。要根据自己的激励机制实施情况来提出问题，发现问题，解决问题，从而使得自己的激励机制不断完善再完善，从而为经销商的创新、发展和壮大打下坚实的基础。

第三章
传统思维,层层误区

第三章 传统思维，层层误区

经销商是"二传手"

有些经销商认为，自己是厂家的"二传手"，自己的职责只是疏通产品的销售渠道，把产品分发到下级分销客户的仓库就行了，其他推广、促销等工作是生产厂家的事。

如今，市场已变得混沌，消费、产品、渠道、传播和营销工具都在发生结构性的变化，按照传统的思维模式进行市场投入的边际效应正处于快速递减的状态，市场被重置，不管是一线全国性大品牌，还是名不见经传的地方小企业，大家都需要重新一起"摸着石头过河"。因此，在当前的混沌状态下，"抬头看路"就显得比"埋头拉车"更为重要。

某品牌厂家老总下市场，饭桌闲聊时随口谈及，公司正规划打造一个日化品类直供平台。言者无心，听者有意。当晚，几位在座的化妆品门店老板就相约来到该老总房内，直言不讳：我们腻烦经销商了，不想跟那帮人玩了，如果和你们厂家合作，你们能给我们带来什么？

于是，双方就此话题秉烛长谈，一拍即合。

这是个案，但却代表了当下经销商的一种普遍心态：经销商作为商品的二传手,上不是生产者,下没有直接面对消费者,在渠道越来越"平"的大趋势下,零售商在谋叛,厂家也想甩掉赘肉,轻装上阵。

到了行业竞争加剧,电商来势凶猛的当下,对经销商的不满由暗战逐渐演变为直接叫板,厂家开始选择做直供,与门店尤其是连锁店卿卿我我、忒煞情多。

经销商并不是企业的"二传手",要意识到自身地位的尴尬,积极寻找出路,比如,注册品牌开发产品,做品牌运营商;开零售店、当店老板;跨渠道发展,多管齐下。要知道,不想当厨师的裁缝不是好司机,不想做品牌的经销商就不是个好店老板。

经销商是为厂家做"嫁衣"

如果经销商在积极宣传产品及厂家的同时,极力加强自身的形象塑造,加大宣传力度,就会给消费者带来双重的信任,消费者购买产品的可能性就更大。

李海不但在山东当地媒体上大肆宣传自己所代理的产品,而且还注册了公司。同时,李海还对自己的公司进行了 CI(企业形象识别系统)策划,把公司和国内知名门户网站捆绑起来借势宣传。这种独特的双重宣传,取得了令人意想不到的效果,所经销产品在代理商中名列前茅,特别是代理皇台酒尚不到半年,就占领了山东好几个地级城市,业绩加速度攀升。

很多经销商大都在所经销产品遇到淡季时一筹莫展,而李海却在淡季照样挣钱。原来,李海只做低压电器时,每年只是忙春夏两季,一到了秋冬季就把他愁坏了:天冷了,室内装修一般都停下来了,很多人都忙着过年过节,电器销量骤减,闲置的公司员工咋办?后来,李海想到了一个错位经营的方式,开始经销皇台酒,这样,酒的旺季是电器的淡季,酒的淡季又成为电器的旺季,于是,员工们一年到头忙得不亦乐乎,公司和员工双丰收。

经销商与厂方的关系往往是很微妙的。厂家与经销商的合作协议常常是一年一签;厂家经常性更换经销商;而经销商也经常淘汰滞销的产品。

有些经销商认为,自己是在为厂家做"嫁衣"!主要基于以下几个原因:①厂商之间忠诚度低,缺乏对未来的规划。②相互基础比较薄弱,可能一些细节问题处理不当,就会造成彼此的分道扬镳。③建立的合作关系往往是感性的成分多一些,理性的成分少,缺乏共同的市场运作理念及文化上的认同感。正因为这种关系,经销商几乎每天都胆战心惊地过日子,如厂家销售人员的变动、新产品的推出及销售策略的调整等,都会直接影响到经销商的地位。

可是,经销商全心全意宣传所代理的产品无可厚非,但也不应仅局限于"为他人做嫁衣"。如果只宣传所经销产品品牌,只能招来消费者对产品厂家的单方信任;而且,由于消费者距离厂家往往路途遥远,信任的建立往往难度较大。经销商如何成功由"情人"转为"老婆"呢？应做好以下几点。

1. 与厂方之间建立一种相互依存的关系

情人没有明天，老婆是要共度余生的。厂商之间欲结成"夫妻"，关键是找到两者价值的共同点。有些经销商以为与厂家搞好关系，就是陪吃、陪喝、陪玩，做好"三陪"。那是一个误导！酒桌文化是绝对靠不住的。厂商之间有共同的目标，相互信任，相互支持，相互包容，才能合作长久。

2. 将自己塑造成不可替代的对象

男人找老婆，开始时总是东挑西选；当他发现你是最合适的，那他就会"非你不娶"。厂商之间首先是利益共同体，双方都能彼此给对方最大的利益，这种合作是不可替代的。经销商只有把自己塑造成厂方不可替代的对象，相互间的合作才会是坚固的。

3. 从远处着眼，从近处着手

不要为蝇头小利斤斤计较。既然是"夫妻"，就不要过分在意个人的得失。经销商需要大度一些，要相互包容，要多站在对方的角度想问题，多替对方承担一些责任，真正成为一家人。

经销商不需要进行市场策划

按照传统的观点，经销商只要将销售做好就行，不需要进行市场策划。这种认识是有失偏颇的！

如今，在国内市场，某一品牌在某个特定区域的成功除了品牌自身的优势和上游的宣传、推广以外，更离不开经销商自身的努力。当一个新品牌进入某个市场，经销商要做很多努力，其中最重要的是如何进行有效的市场策划，逐渐提高市场占有率，并在接下来的时间里巩固、提升市场地位。那么，经销商应如何进行市场策划呢？

1. 明确市场策划的重要性

如果没有市场策划，经销商只是进货后在店里坐等顾客上门，又怎么会有收入呢？经销商实施市场策划就如同农民种田时的精耕细作，辛勤的汗水最终会换来丰收的喜悦。

由于受很多因素的限制，一些经销商往往把所有的希望寄托在上游企业身上；而一些上游企业也往往受困于"经销商做终端更有经验"上，对经销商抱有不切实际的期望，以为找到经销商就找到了"组织"。其实，这两种想法是非常错误的！市场的策划活动只有上下游配合，协调一致，才能收到最佳效果。

市场策划活动中，上游企业占有空间的优势，因为面对更广阔的市场，对上游和整个行业的了解渠道比较多，更容易了解竞争类品牌的特点和动态。所以，企业要结合自身品牌的特性，有针对性地做出指导性的市场推广方案。

经销商更熟悉所在区域的消费特点和竞争对手在当地的实际状况，因为直接面对市场，可以根据品牌的特性结合当地市场特性，合理有效地调配自己的资源（人力、财力、物力、广告资源等），制订出具体实施方案。

2. 掌握市场推广操作的要点

面向特定区域如何来具体实施市场推广呢？

(1) 做好前期的市场调研

俗话说，"知彼知己，百战不殆"！市场调研是重要的一个环节，可以说，一次完备的市场调研是市场推广的重要前期环节。

调研可以从大环境和小环境两个层面来展开，大环境主要包括市场的调查及卖场的调查、同行业及相关行业的调查、上游企业的动态、本公司内部员工的动态等。

(2) 设计一个有效的产品和价格组合方案

任何好的概念或者服务都离不开产品作为基础，价格也是产品方案中不可忽视的组成要素。有效并非指低价，价格能有效地说明品牌的定位，价格的组合方案是参与市场竞争重要的手段和工具。

高端产品无端降价很有可能打击顾客的购买积极性，并伤害到目标消费群体的认可和忠诚度；而大众产品定高价，一定会影响到消费群体的有效扩展，导致占有率过低，随时面临可能来自四面八方"欺骗消费者"的攻击。

(3) 确定一个恰如其分的推广主题

一个好的主题是非常重要的！古代打仗的时候非常注重"师出有名"，而现在的经销商就要从消费者利益出发。所以，经销商在做市场推广的时候必须要有个恰如其分的推广主题，而这个主题的出发点必须围绕消费者来设定。

恰如其分是设定主题的重要注意事项，不考虑顾客感受而闭门造车就叫"自娱自乐"，顾客定然不买账；而过分夸大或者献媚，消费者又感觉你不真实，甚至有欺诈之嫌。

（4）想办法做好有效的广告宣传

做推广不做广告如同在黑夜里穿漂亮衣服走路，别人看不到，只能做自我的心理安慰。多数人都知道做广告的作用，但清楚如何有效地做广告宣传的并不是很多。主要存在的表现是：担心费用太高，投入得不到回报不敢做广告；有做广告的强烈意愿，但不清楚广告投放的策略胡乱投放，导致费用过高；过高地估计了广告的作用，对广告抱有不切实际的期望，对广告肆意夸大或者编纂内容，形成隐性危害。

（5）提高团队的领悟力与执行力

经销商团队对于市场推广的意义和主要手段必须要有清醒的认识，如果只是知道而不能领悟其中的具体操作细节，必然会遇到诸多问题难以克服。

销售团队的管理更多的是靠疏导而非制度约束，如果团队对操作细节不能做好，员工必然会处处碰壁，导致其信心和热情很快就丧失殆尽。所以，领悟力是团队执行能力的前提，而领悟力的提高取决于团队领导者的思想高度和专业操作高度。

执行力的培养取决于以下几个要素：团队成员的专业化素养；有效的激励手段；合理的资源配置。目前，普遍存在着对下属的一味指责和批评的情况，认为执行力不够是员工的问题，但试想一下，指挥官怎么能指挥战士赤手空拳上战场呢？

（6）努力消除外界的不良干扰

在做市场推广过程中要遭受多方面的外来干扰，包括工商、城管等职能部门的管理，要受到市场、同行业竞争对手的拦截甚至攻击。所以，在推广过程中必须要考虑到这些来自外界的不和谐因素。

首先，要做到"身正不怕影子斜"，要从尊重消费者、尊重行业规则、尊重社会公德、国家法规的角度出发；其次，对于相关的政策法规要积极地了解、研究，并与相关部门建立关系，提早沟通；最后，遇到问题不要推诿、躲避，而是要积极地面对处理。

（7）合理安排资源，制订长期计划，贵在坚持

品牌的成长需要一个很长的过程，而经销商的经营也应该立足长远，不可心浮气躁、急功近利。如果能先入为主，先声夺人当然最好；但如果能厚积薄发、后发制人也不失为上策。

随着市场的逐步成熟和完善，新品牌进入市场的难度越来越高，而市场的竞争程度却越来越激烈。作为经销商，在经营过程中，如果想立足长远，必须要周密计划，合理安排好手里的资源，做长期规划。

经销商要清楚，市场的推广是一项日积月累的工作，贵在坚持。对任何经销商而言，市场推广都是一项非常重要的工作，对于这样一项重要而复杂的工作，很难用几句话来说清楚，重在参与，贵在坚持。

第三章 传统思维，层层误区

经销商不需要内部管理

有些经销商认为，经销商是不需要管理的。非也！

许多经销商老板心里都有一个疑惑，手下业务人员每天在外面跑来跑去，回公司也一副很忙碌的样子，他们究竟在干些什么？真的完全是为公司、为工作在忙碌吗？他们在外面会不会忙一些与公司、与工作毫无关系的事情呢？

其实，有些员工，尤其是业务人员，在老板视线之外的工作时间里，不仅忙公司的工作，还忙其他的非公性事务，如磨洋工，明明有可以提升工作效率的方法却不用；偷懒，找个地方睡觉，或在肯德基里喝咖啡；做兼职，为别的老板干活；处理私人事务，交水电费，看亲戚；找其他厂家的业务人员聚在一起喝茶、打牌；自己创业，或为自己创业做筹备性工作……这种状况不可避免地会给经销商老板带来很多损失，如何有效遏止这种情况呢？

有这样一个故事。

某经销商实施了一种"6+1"的人事制度，即每6位业务人员，配备1名勤务人员。勤务人员的主要工作是为6位业务人员提供全方位服务。勤务人员的具体工作为：帮助业务人员处理业务单据；帮助业务人员填写各类表格；帮助业务人员处理各类私人事务，如交纳水电费、代买东西、接车；协助业务人员处理与行政、财务、仓库等方面的事务。这样就减少了业务人员在这些方面所花费的时间，把业务人员从杂事中解放出来，使其有更多的精力放在工作中。

同时，经销商还把业务人员的私人事务问题摊到桌面上来，给业务人员提供切实可行的服务，减少了业务人员的后顾之忧，让其增进对公司的感情，更加心甘情愿地为公司努力工作，体现了公司的人性化管理。

从表面上看，经销商增加了几位勤务人员的人事成本，但还是合算的，因为这样减少了员工在上班时间处理私人事务的时间。数据显示，大多数员工每天至少需花费一个小时的时间处理私人事务；另外，一些办公室工作，如填写报表单据之类，对销售和业绩本身并没有多少直接促进作用。一个业务人员每天浪费一个小时的时间，6个业务人员就是6个小时。这6个小时算下来得是多少人事成本？实际上请一个勤务人员的人事成本还是较低的。

我们算个简单的算数题：

业务人员的人事成本（以每月3000元的月薪为例），每天工作9小时，每月工作22天，$3000 \div (9 \times 22) = 15$元。也就是说，业务人员每小时的人事成本是15元，以每天每位业务人员浪费一小时为准，每人每月浪费成本为$22 \times 15 = 330$元，6个业务人员的浪费成本为$330 \times 6 = 1980$元。这还只是保守估算，而增加一个勤务人员的人事成本也不过1000多元。因此，请勤务人员帮业务人员处理文案性事务和私人事务，让业务人员把更多时间花费在工作上，整体上节约了经营成本。

由此可见，进行必要的内部管理是非常有必要的。

1. 树立"预防为先"的管理观念

这种事情是不能指望员工的自觉性，而且也没法进行事后处理的。只有在事前，以预防、威慑为前提，尽力防止此类问题的出现。处理此类问题时，不能直接对员工挑明，否则会让员工感觉老板怀疑他们在外面工作时，存在偷懒或干私活儿的现象。

因此，大张旗鼓地进行调查，会使员工心理上有一种被监视和侮辱的感觉；再有，部分员工确实一直在外面忙工作，会感到被冤枉，并产生愤怒的情绪。最终，公司会给员工留下一种不尊重员工的印象，导致人事动荡的产生。因此，经销商老板应采用一些技巧，做到事前预防，让员工在外边无法干或少干私活儿。

2. 抓住员工的时间漏洞

让所有业务人员把自己的工作时间安排以图形的形式画出来，每天一张，连续画三天。可是，员工绝不会在图里注明自己用于处理非工作事务的时间有多少，往往是把时间加到在客户处的停留时间上。统计数据显示，他们在客户处停留时间过长，经销商老板就会抓住这个，抛出问题："为什么大家在客户处停留时间过长？是不是说明大家的业务技能，尤其是沟通技能有问题？"

首先，为了提升员工这方面的能力，经销商老板可以计划给员工安排相关的培训学习。其次，为进一步了解业务人员在拜访客户时究竟存在哪些问题，可以每周抽出一定时间，选择一位业务人员

模式的革命

进行跟随式调查。当然，这些都是由老板随机而定的，完全可以搞突然袭击。

因此，为避免被老板逮个正着，业务员定然会在上班时间尽量少偷懒。如此一来，就在不伤员工面子的前提下，起到了对员工威慑的效果。

3. 与其"堵"不如"疏"

员工在上班时间处理非工作事务，也是有区别的，如磨洋工、偷懒之类，属于主观过失；而处理私人事务，如交水电费，或到车站接人之类，则是无奈之举。

因此，经销商需区别对待，也可以主动地帮助员工解决这些必须在上班时间做的私人事务。如果说采用严厉措施防止员工上班时间干私活，是一种"堵"的办法，那么，主动帮助员工解决这些问题，则是一种"疏"的办法。

4. 培养员工的工作乐趣

在任何一个岗位上工作久了，员工必然会产生厌倦情绪，失去工作激情和创造精神，继而导致工作效率下降。而进行工作岗位轮换后，新的岗位就是全新的工作流程和内容，多少会给员工带来一定的刺激点和乐趣，能有效地提升员工的工作积极性。

5. 工作的系统化和整体性

轮岗就需要进行经常性的工作交接，这迫使各位员工将手头工作进行系统化和整体性处理,这样才能实现在一两天时间内的迅速交接。

若是没有这个需求,员工很少会将自己的工作整理得非常清晰,而是经常抱着拖拉马虎的恶习,能拖延就拖延导致工作效率降低。所以,应培养员工"当日事,当日毕"的意识,逐步提高工作效率,实现工作的系统化与整体性。

6. 各岗位员工互相理解,降低内耗

公司最大的消耗在于内耗,而内耗更多又是人为因素造成的,为什么会造成人为内耗呢?除了制度设置的不合理外,各个岗位与人员之间的互相不理解从而导致的不配合是主要原因。

财务人员很难理解业务方面的灵活多样性,业务人员也很难理解财务人员的系统性和条理性,普通业务人员又很难理解重点客户业务人员的辛苦谈判,配送人员又很少知道业务人员对货物运送及时性、必要性的压力。而通过岗位互换,各岗位员工之间就会有深切的体会与理解,互相理解别人的难处和工作特性所在,有效地增强员工之间的互相理解,减少内耗。

7. 降低员工突然离岗所带来的影响

员工因各种各样的原因突然离岗,这是很难预防和避免的。去和留,主动权在员工手上,但在经销商的公司,许多员工离职从提出离职申请到走人只有短短数天。由于经销商普遍没有人力资源的储备意识,一旦员工突然离职,特别是重要岗位的员工离职,通常

会严重影响工作的进度。

业务工作也是系统工作，一旦某一环节出现人员空缺，就会直接对业务工作的整个流程产生影响，而进行内部管理就可以很好地解决这一问题。由于各员工对各项工作流程环节都较为熟悉，即便发生员工突然离职的事件，老板也可以迅速安排其他员工进行接管或是兼管，以最大限度地减少因为人员突然短缺而带来的损失和影响。

8. 增强员工的多向工作技能

从员工个人的角度而言，进行内部管理，可以在短时间内学习更多的工作技能，对自己的职业素质和职业竞争都将有一个很好的提升，也能在一定程度上缓解待遇问题。

经销商老板要把它作为一项福利政策，甚至是公司管理文化的一项内容。这个道理，要向员工做深刻的说明，要让员工感受到成长的快乐和发展的空间，使其愿意接受内部管理的安排，在思想上接受才能在行动上落实。

9. 进行核查，确保安全

从已公布的银行贪污案中，不难发现，绝大多数问题都是在这个贪污犯离岗或是轮岗时才被发现的。因为不管是离岗还是轮岗，都必须要进行全面的审查，一些隐藏问题最终才得以暴露。

在经销商的公司内部，业务岗位、财务岗位（出纳等）、仓管等这些岗位是比较容易出现问题的岗位。若是长期内人员岗位稳定，即便出些问题也是处于隐藏状态的，老板也无从知晓；若直接通过审查抽检的方式来进行，必然对员工的情绪有所影响。

若是没有一个定期的审查制度，估计老板心里也不踏实。而通过内部管理员工，不失为一个好方法。由于新接受员工要承担其接受后的所有责任，必然要对这个岗位的全部情况及存在问题进行一一清理审核，这样一来，有些潜藏在深处的问题就会得以显现。

老板还可以为员工制定出审查方式和方向，让员工亲自进行各项工作的审查。这样只要定期进行各岗位的清理检查就可以了，不用自己直接出面。

经销商没有必要建立自己的品牌

没有品牌，就没有核心竞争力，一切都会陷入一种投机或者流寇式的经营迷茫中。不管实力强弱，如果经销商没有品牌化的发展思路，终将在市场中逐渐走下坡路。

所谓品牌化发展是指经销商如何打造自己的商业品牌与商业地位。其实，关于经销商品牌化发展问题，已经不是什么新鲜话题。但对许多发展中的经销商来说，究竟如何进行品牌化经营和运作，依然很模糊甚至存在着很大的困惑。

1. 经销商品牌化发展离不开核心竞争力的定位

经销商进行品牌化运作时，首先要根据自身的优劣势以及外部

模式的革命

竞争的机会与威胁,确定自己能做什么,不能做什么,竞争优势是什么,能给合作者提供什么样的价值与服务。

核心竞争力的清晰定位能够助推经销商快速走上品牌化发展的快车道,而非焦灼在前途迷茫的徘徊中;核心竞争力的清晰定位能够促进经销商快速整合资源,塑造一个独特的、差异化的经营平台,并通过这种定位将组织的核心竞争力彰显出来,从而赢得合作者和消费者的关注和信任,在产业价值链的博弈中实现最大化。

某食品公司主要以食品代理为主,2004年创业初期即面临着没有优秀品牌带动的困境,每月的销售额仅6000元,经过8年打拼,现在公司的销售额接近两个亿。如果按照经销商常规的发展模式,无非是选品牌、找二批,最终的结果也只能是搬运工,更别说超越本地的经销商大户了。

在创业初期,该公司的两位创建者没有选择大分销的方式,而是从超市入手,把所有的精力和人力都放到超市上。通过做超市,把产品价格提上去,挺住了价格,再逐渐发展二批。如此,价格坚挺能够保证各个层级的利润,同时也在初期防止了因为二批乱价而导致产品夭折的后果。

除了业务模式的改变,此公司还特别强调"做贸易型企业就是做服务",把对客户的服务和员工的考核相结合,通过制度把服务理念传递给每一个员工。在公司,上至总经理下至员工的名片上都有一个投诉电话,如果被客户投诉,那么无论是高层还是员工都会被扣罚奖金。更重要的是,公司的销售团队执行力很强，有一股敢拼的劲头，这个团队也被称为"狮子领导下的狼群"，很是让竞争对手头疼。

独特的销售方式、细化的服务理念、优秀的团队，使公司从一个名不见经传的小公司迅速发展成为当地最有竞争力的经销商公司。

某酒城因其在团购渠道上的独有优势，让人刮目相看。这家名酒城建立时，也是没有产品可做，没有网络。在确定发展方向时，该公司面临着是做二批还是找个二流的产品做总代理的选择。深思熟虑后，老板选择了酒城，从团购渠道切入。在这个定位下，酒城的一切活动都围绕团购来做。

在两年的时间中，酒城成为五粮液、茅台、剑南春、泸州老窖以及区域名酒品牌的特约经销商。除了业务方式创新外，老板还着手团队的建设。在他看来，做名酒城是第一步，是奠定公司发展基础的过程，未来要再进一步，还要做主流品牌的代理，现在的成绩将是未来的资本。

成功的模式无法复制，但是促使成功的埋念可以借鉴，对于两家快速成功的公司，有三个可借鉴之处：第一，在发展初期，为公司确定一个准确的定位，在这个定位下选择切入点和销售模式；第二，在经销商区域格局形成的小环境下，选择先做强后做大，更容易脱颖而出，成就商业品牌；第三，注重服务，服务是经销商之间竞争的焦点，谁的服务更完善，谁就能取得竞争的优势，谁就能快速成就品牌的影响。

2. 经销商的品牌化发展离不开名牌产品的助推

对于商贸公司来说，品牌化发展的进程中永远也脱离不了产品品牌。品牌不仅仅带给厂家利润，也会带给经销商利润。倾心打造一个品牌，经销商不会因此损失什么，反而会从品牌那里获得利润，完善网络，何乐而不为。因此，经销商要有品牌意识，要联合厂家一起打造一个品牌。

有人说，现在很多品牌都集中在那些大经销商手中，作为后来者，我们还有什么机会？实际上，作为经销商也要有主动接品牌的意识。要深刻认识到选择品牌不是等来的，而是自己主动争取得来的，要占住大品牌、地方强势品牌。

大品牌会带来很多无形的价值，譬如，创新的品牌经营模式、优秀的管理方法、广阔的人脉关系、无限的网络资源等，所以有机会做大品牌、跟大企业合作就一定要抓住机会，哪怕前期吃点亏，受点气也不要放在心上。

和大企业合作有两大优势：一是市场比较稳定，不用担心出现大起大落；二是大企业的管理比较规范，一般不会坑害经销商。尽管大品牌的厂方代表可能趾高气扬，这些都不值得计较。

行业内有种说法，非常值得思考，"不跟厂家做不大，跟着厂家不赚钱"。而事实上，不跟厂商做不大，做大了跟着厂商没有不赚钱的，许多经销商成为大商、超商多是建立在强势产品品牌基础上快速成就了自己的王者地位。

3. 经销商品牌化发展离不开规模化的占有

小鱼总是容易被大鱼吃掉，市场发展规律是优胜劣汰，唯有做强做大，才能发现更广阔的发展空间。那么，怎样实现规模化呢？

利用核心竞争力打下的平台基础，利用核心竞争力创造平台的知名度与影响力，从单一渠道模式向复合渠道模式转变，从单一品牌转向多品牌、多品类经营，从单一利润变成结构利润，这是经销商规模化发展的必经之路。

也就是说，经销商必须充分利用核心竞争力打造运营平台，使这个平台的功能和价值无限放大，并促使平台不断延伸；要既能分销品牌，也能分销特约经销商品牌，甚至代理品牌，或者自主开发的品牌，使自己的网络资源更强大，服务功能更系统，品牌价值会促进经销商更容易、更快速地走上规模化发展路径。

对于市场上比较成熟的大商或超商来说，他们在早期利用强势品牌代理为基础，完成了网络渠道的控制和市场规模的占有，基本上在本区域内完成了平台化、规模化、品牌化的打造过程；企业品牌的优势与竞争力还在不断扩大，而其他许多经销商则处于打造平台的过程之中。当经销商有了强势网络，也就为自己建立品牌打下了基础。

大商、超商在发展进程中，有一个很鲜明的理念，即尽量占有足够多的知名品牌，以形成不同品类的品牌系列。在这个过程中，他们也不排除对二线品牌的引进。他们的发展思路是，一方面代理高知名度的全国性品牌，用其强大的品牌力来开发、拓展原有的网络渠道；另一方面代理全国性的二线品牌，以保证下游经销商和自身的利润，形成有效资源互补效果。

所以，在经销商规模化、平台化发展的过程中，一些自身渠道网络不够完善、竞争力不够突出、品牌产品不具优势的经销商在竞争中逐渐被淘汰。随着这部分商家的减少，逐渐形成了超商、大商垄断区域市场的局面，使其规模化发展越来越大。

4. 经销商品牌化进程离不开下游渠道的拥有

经销商下游渠道的拥有，一般包含三个方面。

（1）自建终端网络

例如，吉马以福建漳州为根据地的吉马连锁超市。其优势在于：①可以获得更高的流通利润；②在同厂家谈判时，具备更多、更具体的资源实力。

（2）联合分销商，抱团打天下

例如，商源的"共好"模式。这种"共好"模式在某种程度上可以看作超商强化终端渠道的一种方式，这种方式可以施行，但必须要有强有力的后盾支持，即上游企业能够提供稳定且具有足够利润空间的产品，同时给予大力度的市场支持，一级代理商需要借此吸引分销商，商源在运作伊力特白酒方面具备了这个优势。

（3）直接和消费者沟通

例如，很多经销商都在成立公关团购部门，打造会所、体验店、旗舰店，做大客户的贵宾（VIP）服务。其实，想做到区域市场垄断，根本在于品牌对当地消费者心智资源的占有。

5. 经销商品牌化进程中如何打造自有品牌

不是所有经销商都具备自主品牌开发的能力，为什么有的经销商开发自有品牌很容易成功，有的经销商却让自己陷入泥潭呢？究竟什么样的经销商具备开发自有品牌的能力呢？基本上要满足以下三个要素：第一，和上游厂家有着良好的关系；第二，有强势的渠道网络，具备强大的分销功能；第三，具有独立运作市场的能力。如果你目前还不具备这些基本要素，最好不要跟随潮流，以免让自己陷入被动的境地。

对于经销商来说，在开发自有品牌上，以下几点成功经验值得借鉴。

（1）在短期规划中以代理品牌为主，开发品牌为辅，基本比例为5∶1；而在长期规划中，经销商将逐渐增加开发品牌的比例，基本比例会扩大为5∶4。当然这是针对那些从最初靠代理品牌起家的经销商，不包括像桥西、世嘉等一开始就以品牌开发为主的经销商。

（2）大多数经销商开发品牌所走的路径是，先由区域性代理商发展成为跨区性的代理商，之后再做自有品牌。实践证明，这种方式更容易成功。那些具备商业品牌的经销商凭借在区域内的领导者地位，对品牌资源、社会资源、市场资源的整合，逐渐打造出一个个商品运营平台，有了这个平台的核心作用，经销商们也就具备了向外延伸的资本和条件，具备了成功打造自有品牌的条件和能力，才能更容易保证自有品牌的成功。

（3）经销商要想打造商业品牌，还应注意以下两点：首先，确定代表自己企业的标志，独特便于识别的企业标志；其次，在自己的经营领域形成知名度、美誉度和忠诚度。

而要做到后面这点，需要提高两方面的能力：

①服务能力。必须深化系统的服务能力，这里包括对顾客、对合作伙伴的服务能力以及企业内部系统服务能力的综合性打造；

②系统管理能力。要想成就商业品牌，没有经营规模是不行的，而要形成经营规模，企业自身必须具备系统管理能力，否则很容易形成内耗，轻则企业停滞不前，重则很快走上毁灭之路。

经销商完成任务即可，厂家无须插手

有些经销商认为，只要自己完成任务即可，厂家无须插手。这种认识是不正确的！

在我国，厂家和经销商之间一直存在着似乎难以调和的矛盾。厂家希望经销商更加忠诚，经销商则希望厂家提供更大的利益和好处；有的厂家已开始有兼并零售终端的倾向，如宝马在欧洲就开始收购4S（Sale，Sparepart，Service，Survey，即整车销售、零配件、售后服务和信息反馈）店。在这种倾向下，经销商应当怎样操作呢？

1. 摆脱简单的赚钱心态

对经销商来说，顾客才是自己最宝贵的资产。因此，经销商应该依靠品牌产品，加上经销服务去满足消费者需要。通过长期"垄断"这些消费者，实现自己和厂家的双赢。

在这个过程当中，一定要摆脱简单的赚钱心理，而要把满足和管理消费者看成是自己的目标。从本质上看，中间渠道提供的不是最终价值，而是为品牌企业最终价值服务的间接性价值，真正的资产就是所掌握的顾客。而对这些资产进行有效的管理，既是厂家和经销商的共同利益，也是经销商能够赢得厂家支持的筹码。

所以，一个高标准的经销商应该对自己所辖市场了如指掌，并能有效地管理和控制。同时，经销商应对本地区的市场总量、本产品可能的销售潜力，以及主要竞争对手的状态和数量，有非常清晰的认识，能够保证有效地完成销售任务。

2. 掌握经销商制胜的三大能力

经销商要赢得企业的依赖，需要从培养三大基本能力下功夫，见下表。

经销商制胜三大能力

能　力	说　明
客户管理能力	经销商要能够保证资金回笼，有效管控经营风险。经销商在地方对企业的情况知根知底，甚至拥有在一定程度上可以提供贷款或资金的支持能力，因此必然被厂家所依赖
塑造品牌的能力和推广的能力	经销商往往需要自己独立经营，需要现款进货和承担物流成本，实际上也承担着产品销不出去的市场风险。对于厂家来说，主要是依靠渠道销售，而不是自建网络。一方面是经销商就近管理更加方便；另一方面经销商自己出钱承担风险，其管理和控制风险水平要远远强于厂家。所以，如果经销商具备品牌塑造能力，甚至能超过厂家自己的分析和预测，一定能让厂家形成依赖感

续表

能力	说明
接近市场的能力	经销商应该有非常稳定的客户群,使厂家可以极大地降低市场开发成本。很多厂家之所以不得不寻找经销商,就是因为看重它在特定的行业当中稳定的市场渠道和关系

3. 与厂家建立战略同盟

经销商希望经销利润更高的产品本无可厚非,然而这种逐利心态有可能破坏厂家品牌战略和操作模式。因此,要想为厂家做渠道,就要与其建立战略性同盟关系。

经销商要从协助厂家提升品牌、扩大销售规模、实现销售单一品牌产品,来实现利润最大化。因此,经销商要学会选择厂家。首先,要判断厂家有没有塑造品牌、实施品牌战略的决心和模式;其次,经销商要向厂家主动提出建立品牌、塑造战略同盟的建议与计划。

实现这个计划可以分三步走:

第一步,经销商要根据自己掌握的市场分析和掌控能力,把自己构建强势品牌市场的决心通报给厂家;

第二步,根据市场状况,承诺一个超过厂家期望的销售目标,论证实现这种销售目标的策略;

第三步,提出要求厂家提供的支持性内容。

这套立足建立厂家与经销商战略双赢的操作模式,会让厂家看到:不依靠经销商是无法实现的!

第四章
转型思路，思路决定出路

主动营销：改变厂家营销为主、经销商为辅的被动式营销

如果经销商只是被动销售，等待厂家政策，主要配合厂家促销，对市场信息不重视，厂家会感觉很难配合，经销商将会面临发展的瓶颈。

所谓被动营销，就是一般传统的营销方式——企业下任务，经销商完成任务。在这个过程中，经销商是被动的，一切的目标都是为了完成企业的任务。而为了完成任务，经销商又会反过来要求企业的支持和政策的优惠，好像没有企业支持这个市场就没办法运作了。

其实，经销商向企业要求这样那样的资源，实际上是一个"推"的动作，经销商希望通过企业来推动销售，这是一个被动的过程；而多数的经销商却忽视了市场不仅仅需要推动，更需要拉动。这就需要经销商主动出击，主动去营销，通过拉动市场来获得市场的增长。

主动，是一种心态，更是一种理念。从被动营销到主动营销，意味着经销商不再仅靠厂家的资源来运作市场，而是把自己真正当成一个运作的主体，通过自己的主动出击来获得市场的增长。经销

商要改变以企业营销为主、经销商为辅的被动的营销方式,转变成为以经销商营销为主、企业营销为辅的营销方式。

不要过分依靠大树底下好乘凉,在跟进别人的同时,必须主动出击,否则,厂家很有可能稍不满意就会换掉你。我们要永远记住,别人忠实于你,那是因为离不开你,依赖于你才会忠实于你。不要指望企业和你有感情,感情是建立在相互依赖的基础上的。

主动能够不停地创造出机会,被动地接受只会错失许多良机。所以,必须转型,必须主动营销,主动出手,主动树立自己及品牌新形象。

为了实现这一点,经销商应该做好以下四个方面。

1. 态度要明确

任何主动营销活动的成功跟老板的重视程度是分不开的,不管小区推广,还是家装营销,如果老板的重视意识不到位,活动的效果就无从谈起。

任何主动营销活动的效果,并不是一朝一夕就能见效的。因此,经销商老板要考虑以下三个方面的因素。

(1) 舍得

并不是有项目就要投,有机会就要去尝试,而是要分析区域的情报和数据,权衡投入和回报再做抉择。

(2) 坚持

很多经销商见一两次活动效果不明显就失去信心,小区推广、家装营销都需要时间去沉淀,不断有新的突破就应该认为是成功的。

（3）信任

要充分信任主动营销团队的主管和团队成员。主动营销是一项非常辛苦的工作，只有让团队感觉到有信心，才会激发他们的激情去创造奇迹。

2. 有明确的市场规划

很多经销商深刻意识到自己应搞主动营销，至于怎么搞，要达到什么样的目的，实现什么样的目标却没有规划。因此，要做好主动营销必须先要有明确的市场规划。比如，全年要开展多少场小区推广活动、要跟多少家公司建立合作关系、要发展多少客户成为忠实的合作伙伴、活动开展要分几个步骤进行、返点法的办法是什么、所有的主动营销费用投入大概是多少等问题都要做好规划。

3. 构建主动营销团队

研究发现，投入同样的费用，有团队的经销商主动营销活动成效显著，而且业绩会不断的递增；没有团队的经销商，投入的资源就像是打水漂，也很难看到显著的效果。这样，经销商投入主动营销的积极性自然就不会高，成效也不会好。

没有持续的团队进行跟进，对于市场的信息把握准确度自然就不高，因此要想做好主动营销，必须要构建主动营销团队。有专门的团队管理者进行管理，有专业的业务知识的培训、有系统的业务流程的指导，主动营销工作才能有序地进行。

4. 认真做好效果评估

很多商场其实是不太愿意开展主动营销的，可是迫于市场环境和工厂的压力，又不得不硬着头皮上。不愿意开展主动营销的一个重要原因是主动营销工作的效果很难进行考评。效果很难考评就很难权衡投入和产出，很难规划下一阶段的工作。

面对恶劣的市场环境，能意识到要改变是对的，可变的前提是要分析自身的实际情况，要深入分析主动营销工作开展需要解决的核心问题。只有把核心问题解决了，主动营销工作开展起来才能达到预期的效果。

主动营销是恶劣市场环境下提升终端竞争力的一把利器，经销商老板一定要很好地利用起来，打击竞争对手，撬动市场销量。

伙伴营销：交易型关系向战略伙伴型关系转变和延伸

经销商存在的核心价值是什么？就在于能够为厂家提供迅捷和不可替代的信息、物流、资金、增值服务四个部分，为厂家分担经营风险。就目前而言，虽然许多企业的经营渠道实行扁平化运作，把更多经销商变为配送商，对经销商而言也许是不幸的，但是只要他们能够找到双方合作更多的趋同交集和共同利益，构架一条与企业形成战略合作伙伴关系的通路，也是经销转型时值得思考的一个问题。

为了激活渠道的核心作用，2002年年底，亿家能极具创意地提出了"20万创富计划"：凡是想加盟亿家能、经营亿家能系列产品的经销商，均可写出自己的市场运作计划书，并参与评选。创业计划大纲包括创业目的、当地太阳能热水器市场分析、投资分析、终端建设计划、当地媒体炒作、最佳创意计划。最后，由专家委员会评选出"创富计划"金、银、铜奖各一名，分别发放10万元和5万元的市场运作费用支持。

该活动一经推出就得到了加盟经销商的热烈响应，调动了其积极性，为企业成功打造了一条营销渠道建设的捷径。

通过以上系列举措，亿家能与广大经销商改变了以往厂商间单纯的交易关系，双方以市场为纽带建立起了"绿色伙伴"关系。

所谓伙伴关系，是由交易型关系向战略伙伴型关系转变和延伸。还有一种厂家和经销商的伙伴关系，就是厂商进行一体化经营，实现双方相互依赖，对通路进行有效控制，使各自分散的经销商形成一个整合体系，渠道成员为实现自己或大家的目标共同努力，追求双赢（或多赢）。

经销商通过与下游网点所建立的伙伴营销关系，对渠道各环节的服务与监控进行有效管理，不仅可以使自身的产品能够及时、准确、迅速地通过各渠道环节到达零售终端，还能够提高产品的市场覆盖率，有效推动终端市场的促销，提高产品的出样率与促销力，激发消费者的购买欲，促进销售。

如果想和企业形成伙伴关系，经销商该如何做呢？其具体要求有以下几点。

1. 强化营销服务

强化配送功能，分销商和企业信息对流、风险分担、利益共享。

2. 协同发展

推行学习计划，对分销商进行系统的培训，让其懂得更多现代市场营销的工具和方法。

3. 政策激励方法

由原来给分销商钱赚变为让分销商掌握赚钱方法。

深度营销：掌控终端，提升客户关系价值

所谓的深度营销是通过有组织的努力，掌控终端，提升客户关系价值，滚动式培育与开发市场，取得市场综合竞争优势，冲击区域市场第一法。

在深度营销中，三个转变以及对营销组织要求的四个方面的内功修炼，才是关键部分，并非口号命令，而要落到实处，才能真正实行深度营销。

1. 深度营销的四大核心因素

经销商要想做好深度营销，必须牢牢掌握好四大核心因素。

（1）区域市场

通过对市场宏观情况、主要竞争对手、主要经销商、终端网络和消费者等的信息及数据的充分调查，建立营销数据库。

①在市场分析的基础上，制定以构建营销价值链为核心目的的市场策略；

②合理规划营销资源，建立目标管理责任体系和营销系统支持平台；

③对区域市场精耕细作，强调市场份额的数量和质量。

（2）核心客户

核心客户是在区域市场上掌握着一定的销售网络，具有一定的经营能力，与企业优势互补，并对市场销售具有现实和未来意义的客户。

寻找、达成并巩固与核心客户的结盟与合作，是构建区域营销价值链、掌控终端网络并实现区域市场的关键所在。

围绕核心客户的经营管理和利益提供全面的服务支持，经销商要深化客户关系，包括对核心客户的培育、维护、支持与服务，提高其分销效能和与企业和终端网络的系统协同能力。同时，引导其功能转换，按照客户服务和具体竞争的要求，进行企业与核心客户的分工合作，提高营销链的整体效能和争夺市场的能力。

模式的革命

(3) 零售网络

根据区域市场特点，经销商与核心客户共建贴近目标顾客、相对稳定的零售终端网络是保证营销价值链稳固有效的基础。要合理规划网络的结构和分布，持续地提供增值服务与销售支持，巩固和掌控终端网络，保证畅流分销和区域有效覆盖，形成竞争对手的渠道壁垒。

(4) 客户顾问

客户顾问队伍是深度营销模式的核心动力。要通过对业务员的选拔、培养和激励，促进营销队伍完成从机会型的"猎手"转化为精耕细作的"农夫"的职业化，成为能为客户提供增值服务和有效沟通的客户顾问；同时，要建立学习型营销团队，实现内部信息与知识、经验的共享，不断提高业务素质和服务能力。

2. 深度营销的本质

概括起来，深度营销的本质体现在以下几个方面。

(1) 深度服务

渠道服务是深度营销的重要内容，也是深度营销成败的关键。经销商有必要通过制订经常性的访问计划以及深度访谈，了解渠道的实际需求以及经营管理中遇到的困难，了解铺货环节存在的问题以及解决的方案，进而调整和渠道之间的利益平衡点。这种服务既能强化渠道的忠诚度，还会反过来促进经销商内部以市场为导向的管理水平提升。

(2) 深度管理

在加大对二批支持力度的同时，要对之实行有效的管理。通过深度管理，对渠道进行合理的评级，对市场开拓能力强、忠诚度高的企业给予重点支持；对于"鸡肋"渠道则毫不留情地予以淘汰，从而做到渠道布局的优化。

对于有些经销商来说，深度管理在预防假冒伪劣产品方面也能起到积极的作用。同时，通过深度物流管理彻底也可以改变经销商在发货、送货环节所产生的差错，极大地改变经销商在淡季和旺季需求和生产之间的矛盾。

（3）深度分析

为了掌握更多的渠道信息、竞争信息以及消费信息，经销商必须对市场终端的各种信息进行分类、整理并储存，以便从中发现有价值的信息。经销商要对市场的销售状况以及需求状况了如指掌。深度信息处理的要点在于建立信息库。信息库主要包含客户数据、产品数据、销售数据、竞争对手数据、广告宣传数据、促销数据、区域市场消费者数据、区域市场政治经济数据以及各种与销售密切相关的数据。拥有强大的信息资源，就可以在动态的竞争中保持理性。

3. 深度营销的核心

深度营销的核心是抓住深度做文章。网络经济时代为深度营销创造了优越的条件，可以说，迎来了营销的又一个春天。

（1）把自己深入地推销给顾客

很多情况下，顾客不买你的产品，真正原因是不相信你对产品的介绍，或者不相信你本人或你的企业。对于新产品、新企业，尤其需要在最短的时间内使公众了解你,只有在了解的基础上才能增加信任。

(2) 充分利用网络的飞速发展

经销商可以制作自己的网页,并辅之以多媒体技术;同时,用声音的、文字的、图形的方式,将经销商的成长经历、生产流程、企业文化、制度建设、技术力量、激励政策、经营理念、经营战略等全方位地展现给顾客。顾客只要一打开你的网页,就如亲身在你们这里待了十几年的感觉,对你了如指掌。

同时,经销商还可以随时更新自己的网页,将公司(企业)的每一个变化展现在顾客面前。而且,可以在网站上开辟一个电子公告牌系统(BBS),派专人24小时负责,与顾客进行双向交流,倾听顾客对企业的意见、建议,获取顾客的信任感和亲和感。

为了争取更多的顾客访问该网页,除了上面提到的主体内容外,还要有更多的吸引人的栏目,如热点新闻、娱乐天地等。总之,经销商要将网上企业看作第二次创业,高度重视,不断完善。

(3) 将产品深入地推销给顾客

现今的各种广告媒体都有其自身的缺陷,主要表现在:信息不全面、不完整、静态性、单向性。传统广告媒体的这些弱点,是无法让经销商在网络经济时代构筑起企业自身的竞争优势的。

如今,环境已经发生了巨大的变化,如果还认为以不变应万变是正确的话,将是极其危险的。经销商要通过网络,与顾客交朋友,了解顾客的喜悦和痛苦,然后从关爱他们的角度出发,进行情感营销,详细深入地介绍产品的功能、使用方法,并且追踪其售后服务。

同时，要通过网络随时回答顾客提出的问题，双向交流，深入沟通。只有这样，才能培养顾客的忠诚度，经销商才能获得持续发展的动力。

1999年10月，上海一家百货集团公司在其下属的所有门店都建立了消费者家庭档案，集团公司根据档案设计出各种档次的家庭用品消费方案，并将方案及相关产品信息送给这些家庭，结果家庭用品销售额立即猛增了3倍。

（4）深入了解顾客所思所想

网络经济时代改变了传统的了解顾客的模式。

在传统的模式中，经销商一般都会以统计的方法去调查某一顾客群，这种方法的明显弱点是抹杀个性。真正、深度了解是建立在充分尊重个性的基础之上的。经销商可以充分利用网络技术带来的新机遇，通过E-mail（电子邮件）、BBS等手段，与顾客就各个方面的问题展开深入的交流。从各个侧面、更深的层次，更全面地了解顾客，并从中找到市场机会和工作需要改进的地方。

同时，经销商可以建立一个超级数据库，用以管理好数以万计的顾客资料，使用专门的软件和专职的人员去了解、分析这些信息，并从中找到机会。

网络经济时代，可以用过去了解一个人的精力和时间去了解成千上万个人。这就为对市场作出快速反应提供了现实的可能。而传统方式中，这一时间是以月或年来计算的。

（5）建立一套员工企业互相了解的机制

如果按照法约尔的金字塔式的等级结构，处在塔底的人是无法看到远处的风景的。在网络经济时代，这一切都将改变。经销商变成了一个透明的组织，发生的一切都能清晰地展现在每一个员工的面前。

这种机制将使企业中的每一个人都从中受益。因为，这有助于在全企业达成共识，促进对经销商目标更好地理解，更有效地参与决策，更好地形成共同的价值观和良好的企业文化。

最重要的是，可以让每一个员工都有当家做主的感觉，似乎人人都是公司的总裁，人人都对企业的发展负责。这种对内部员工的深度营销，创造了一种新型的企业上层与员工之间的关系。而这种全员协同的团队精神，正是知识经济时代所必不可少的。

区域为王：打造成某一方面最为强势的地头蛇

所谓成就区域王就是，经销商把自己打造成某一方面最为强势的地头蛇，这个地方、这个渠道就是我说了算，无论谁想经过此地，都必须拔毛。

经销商可以通过把自己的力量集中于某一个区域，或者集中精力成为某一类渠道上的"经销大户"，在局部资源的垄断上设置制造商不可逾越的天堑。

目前，这种经销商已经为数不少了，他们虽然不够强大，但是很精壮、专注。如近来市场纷纷出现的校园经销商、餐饮经销商、夜场经销商、酒店经销商等。

在我国酒水渠道激烈变革的年代，能在一个县级市场做出4000万元的销售业绩的经销商并不多见。然而，四川西充县华星商贸公司总经理杨汰霖就是其中的一员。由于在当地的影响力和名声响亮，同行送给他一个"县级王"的绰号。"县级王"是如何炼成的呢？

（1）用知名产品打通渠道

对于一个没有背景的人来说，成功除了机遇，更多是靠智慧加勤奋。10年前，也就是2001年，当时杨汰霖在该县的一家副食品门市部上班。当国有企业改制的风潮吹到了西充县之后，棉麻公司进行了改制。杨汰霖离开了棉麻公司，充分利用自己在副食品门市部的人脉关系注册了一家酒类销售公司。

很快，杨汰霖注册的华星酒行问世了。可卖什么酒好呢？他找到重庆啤酒集团的业务员，开始做二批分销起山城啤酒。当时，很多酒水经销商都是坐在家里等客户上门，但杨汰霖觉得"坐"太被动，等客户主动来选择自己不如主动出击服务客户。于是，他经常去一些生意好的酒店，看他们产品销售得差不多了，便主动联系负责人，询问是不是需要马上送货。在当时缺乏服务的大环境下，杨汰霖的服务博得了大家的好感和信任，一些酒店也开始和他建立了合作关系。

很快，杨汰霖分销的山城啤酒销量节节攀升，重啤集团有关人员也看到了杨汰霖的冲劲和潜力，将西充县的总代理权交给了他。有了好产品，杨汰霖的干劲更足了。

(2) 三大措施解决终端困惑

客观地说，杨汰霖之所以在当地做得如此出色，除了观念上比竞争对手新一些，善于思考和总结也是成就他"县级王"地位的秘密武器。

通过几年的运作，华星公司在当地餐饮终端的优势越来越突出，但杨汰霖却感觉自己的利润在"缩水"。在实践终端营销的过程中，他也遭遇到了"终端困惑"之苦。但要想成为当地数一数二的经销王，不做终端是不可能的，怎么办呢？

杨汰霖在实践中摸索出了几种解决办法：

首先，通过产品组合，降低终端费用。杨汰霖引进了白酒和红酒等品类，丰富了直供产品的内容。

其次，与终端的合作方式多样化。现在，杨汰霖的华星酒行直控了西充县85%的餐饮酒店，而西充的进店费金额为4万~8万元/年，这笔资金对县级经销商来说压力是很大的。为了把这笔钱用到实处，他对西充的酒店进行了细致的评估。这种方式将酒店和商贸公司进行了利益捆绑，易于实现共赢。

最后，加强对终端动向的掌握。杨汰霖对营销团队提出了"岗位责任"要求。业务员除了每周几次到酒店拜访、理货之外，还要随时观察酒店的销售情况、店主的变化等，一旦生意清淡，或者店主多日不到酒店来，杨汰霖和相关人员都要分析原因，通过控制供货量、催讨结款等方式，将可能出现的逃单风险降到最低。

(3) 做深做透做全渠道

如何才能做深做透做全渠道呢？杨汰霖的回答很简单，只有一个字——细！杨汰霖首先是将销售区域细化。他将西充县城区划出4个部门，主要负责餐饮酒店的管理、配送等业务的有一部门和二部门；夜场、团购业务则单列出来由三部门负责；城区的批发渠道，如干杂店、超市则由四部门负责。完成了城区的业务划分之后，又将区乡的业务进行细分：啤酒因为量大，涉及各乡镇网点多，华星酒行专门成立了一个部门去管理；为了大力拓展农村市场，他积极争取到了承办"万村千乡"工程的资格。

经过几年的努力，华星商贸已经成为该县名副其实的千万大户、网络大户和终端大户，县级经销王者。

成就"区域王"，其实质就是成为厂家某一个或多个产品的区域经销商，或者说某区域的独家代理商。但这个区域概念，往往范围较大，不是单一的某个市场，而是地级区域概念，甚至是省级或跨省运作。成就"区域王"，既是产品细分、市场细分、市场专业化发展趋势的必然要求，也是厂商走向共赢的必然之路。

通过成就"区域王"，经销商可以垄断区域品类销售，从而可以获得最大化的销售利润；而厂家通过开发适合区域的产品品类，下达高于一般市场的销售指标，也可以实现"规模"效益，提高获取产品利润的稳定性，以及单品赢利能力，从而实现厂商的最大化赢利。

模式的革命

1. 做好区域的步骤

如何才能在区域中称"王"呢？需要经历以下几个步骤。

（1）经销商要先把自己的"一亩三分地"做好

只有做好了自己的市场，才有条件向厂家争取更广阔的区域与市场。在做好自己市场的同时，可以从一个侧面提升运营市场的能力，为运作更大的区域打下基础。

（2）合理制定区域目标，不断地加压驱动，让销售业绩不断提升

成就"区域王"，是对经销商的一种更高的要求，通过制定更高的目标要求，对区域目标不断地予以提升修正，从而激发经销商潜能，更好地提升销售业绩。

（3）不断地激励经销商成为"区域王"

"区域王"的出现，不仅可以增强其赢利能力，让其在所属"领地"精耕细作，而且，对于厂家来讲，可以通过不断地进行区域授权，来获取稳定、持久的利润，让双方各取所需。

2. 经销商必须满足的条件

要想成为"区域王"，经销商需要满足以下几个条件。

（1）具有成为"诸侯"的条件

要想做"区域王"，经销商要具备充足的配送车辆、合适数量的营销人员；厂方要有针对"区域王"的得当的管控措施等。

（2）厂家的产品具有一定的"分割性"

厂家一般都研发力强大，能够合理开发出不同层次、不同规格、

不同品类的符合市场需求的产品，它可以是多品牌运作，也可以是多品类运作，甚至可以分渠道、分品类运作，通过品牌、品类差异，实现区域联销，但要避免出现大规模窜货、倒货等现象。

（3）厂商双方要有长久操作市场的战略眼光

成就"区域王"，可以"助跑"厂家和经销商，但双方必须要有一种合作默契，要有一种长期合作、持续对市场投入的长远打算，因此，厂商双方必须在互惠互利的前提下，"授权受控"，对经销商实施有效管理。

品类霸主：垄断销售区域，独享品类带来的利润

经销商可以在某个品类，在某个产品甚至在某个产品的型号上，争取拥有独特优势、独特资源，使自己能够在此方面成为市场统领者，能够独享这块小蛋糕带来的价值。

古龙商贸是山西众多商贸公司中较为突出的一个，该公司起步于1998年，经过十多年的发展逐渐壮大成为省级经销商。通过公司上下的协同努力，现在已形成了商超、流通、BC类超市[①]、餐饮、自营店等多渠道覆盖的格局。

从古龙的发展历程我们可以看出以下几点：一是完善了其

---

① BC类超市，包括B类超市和C类超市。B类超市是指经营面积在 1000～3000m^2 之间的中等规模超市；C类超市是指经营面积在 300～1000m^2 之间的小型超市。

销售网络的同时，有重心，有选择。二是提高了在渠道中的话语权；降低了综合运营成本，提高了利润率。三是重视人才队伍的建设，塑造企业特有文化。四是拉大同行经销商与其差距以吸引更多的厂家与其合作。五是积极探索，塑造自己的品类产品。

郭志忠基于减少商超各个环节费用支出和加大利润的考虑，于2010年开了两家自营店，主要出售自己代理的各个品牌的产品。由于商超费用的节节攀升，郭志忠在新品入超市的环节上极其慎重，而自营店也成为流通渠道外试销新品的一个大后方。顾客一进入自营店便可立刻感觉到自营店里的产品品类之多、品牌之多，因为有了更多的选择权，所以购买起来更舒心。

由于古龙商贸对渠道有的放矢地精耕细作，业绩骄人，吸引了许多一线品牌的生产厂家，如东湖、王守义十三香等都欣然与之合作。在罐头和调味品这两个品类上的独霸地位，给古龙的发展提供了巨大的帮助。

古龙不仅仅通过运作众厂家的罐头和调味品产品，垄断了山西大部分区域的销售，独享这两种品类带来的利润，顺利地成为厂家的品类经销商，更是自己走出了独自建立品牌的道路，在做强品类霸主这条路上，开拓出新的方向。

所谓品类霸主就是经销商通过运作众厂家的某一品类或者某一行业产品，并垄断某些销售区域的方式，独享品类带来的利润，从而成为厂家的品类经销商，既可以是多品类，也可以是单品类。

1. 单品类而非全品项

品类经销商往往不是代理或经销厂家的所有品项，而是依据市场特性，有针对性地挑选一些适合市场特点的产品品项，使产品具有较强的目的性、时效性。

2. 跨区域销售

品类经销商往往销售区域较大，不仅包括自己的"一亩三分地"，更多地还"占有"邻近的一些区域市场，通过扩大自己的地盘，获取更大的发展空间，让产品获得更高的市场占有率。

3. 实施品类垄断

品类经销商往往在所辖的销售区域实施品类垄断，以最大限度地保证各级渠道商的利润。

自建品牌：打造自有品牌，为自己创造更多价值

有这样一个故事。

李挺原是深圳某房企高管，经过多年的奋斗，积累了一些资本。2006年他打算回家乡创业，凭借对房地产业的了解，他认为房地产的腾飞必定会带动家居建材业的兴旺。于是，便以

模式的革命

敏锐的商人触角开始考察建材类的品牌，经过多方比较，选择了一个正在成长中的橱柜品牌。

作为这个品牌的早期经销商，厂家也给了一些支持。拿到地区代理权之后，在市场的开拓上，李挺花费了不少的精力，从团队的组建、网络开发，到售后服务等都亲力亲为，之后，他的生意慢慢步入正常的发展轨道。经过两三年的市场培育，这个品牌慢慢有了起色。同时，厂家的品牌也逐渐成长起来，跻身国内十大品牌之列。李挺甚至庆幸自己的眼光长远，选择了这样一个有潜力的品牌。

可是，就在前期市场开拓完成之后，厂家突然提出种种苛刻的条件，大有如不接受便收回代理权的意思。李挺不解，直接去厂里问个明白。厂家说这是公司策略决定的，并不是针对哪个代理商。在几番争论之后，厂家退回保证金，剩下的货品厂家无条件收回。代理的品牌被厂家收回，李挺深感损失惨重。

为了弥补前期的损失，李挺只得再重新寻找品牌，利用原有的网络，来化解经营的困难，以求尽快步入正常的轨道。

厂家年年换代理、代理商年年换品牌的事屡见不鲜。这种不良的合作关系，只会损害厂家与代理商的发展。试想，一个品牌从进入市场，到被消费者认知，再到培养其品牌忠诚度，需要品牌商与代理商花费多大的精力与心血。当代理商的经营稍微有些起色时，自己苦苦培养起来的品牌却要拱手让给别人，这让代理商的发展与利益受到极大的损失。

1. 自建渠道品牌靠实力

赵爽也是一个经销商，旗下代理了5个国内外的一线建材品牌，总投资过千万。他计划用两年时间将其品牌打造成为当地最大的建材经销商，并且定位为当地最高端的建材商。

作为一个外来的非常有实力的经销商，赵爽相对本土经销商有更远大的理想和抱负，他一开始的战略思路就确定要自建品牌，与中小经销商拉开距离，计划通过一系列的动作，整合一些有利资源，为品牌的长远发展铺路，如销售网络资源、物流资源、仓储资源、技术资源、人力资源等。

经过近一年的努力，赵爽的经销商品牌已具雏形，旗下代理的几个大品牌也逐渐得到市场的认可。随着市场经济的日益成熟，品牌的价值开始凸显，并且许多品牌的无形资产都远远大于其有形资产。

一直以来，一些经销商都是以自己所代理的品牌作为商号，这也是许多初入商海者借船出海的权宜之计。可经过多年的打拼，许多经销商早已完成了资本的原始积累，都希望谋求更大的发展。此时，他们也开始希望拥有自己的商号，可是有些人担心改换商号既会影响与厂家的合作关系，得不到厂家的支持，同时又担心自己的生意受到影响，可谓进退两难。其实，如果实力不足，经销商不要轻易自建品牌，否则难以为继。

在营销界流行着这样一句话：欲创品牌，先做经销商。这恰恰印证了经销商自创品牌的优势。因为只有自己做了经销商才会真正了解市场和消费者的需求。有适合人才和资讯，有健全的网络，有良好的经销口碑，然后才能稳中取胜。

2. 对品牌要有深刻的认识

每一位经销商都想拥有自己的品牌，并在行业内取得"江湖地位"。他们在追求销量和高利润的同时，也希望自身的品牌价值得到提升。

从发展的阶段来看，当商号在市场上已经站稳脚跟、发展壮大到拥有一定实力的时候，可以考虑打造自主品牌，将自己的商号作为品牌推广出去，获得行业内的影响力和话语权，并通过品牌影响来争取更多上游厂家及下游客户的关注；但如果尚处于发展的初级阶段，不但不适宜打造自主品牌，还应该更好地和厂家合作，借助企业品牌的影响力来拓展市场。

拥有一个强大的品牌当然再好不过，但是作为经销商，一定要明白：什么是品牌，其作用何在？很多经销商认为产品名称就是品牌，这无疑是对品牌内涵的曲解。

品牌是一种文化，好的品牌是给拥有者带来溢价、产生增值的一种无形的资产。增值的源泉来自于消费者心智中形成的关于其产品本质的印象、投入和产出比。只有将产品的独特亮点与目标用户的愿望相结合，并通过长期的整合营销运作，才能成就强大的品牌。

其实，打造自主品牌并不难，只不过并非所有的商号都适宜打造自主品牌。经销商要保持平和的心态，根据商铺的实际情况来谋划发展，平时多和厂家进行沟通，争取更多的区域宣传推广。

品牌只是提高经营能力的重要工具之一，并非经销商经营的全部。赢利并且持续赢利才是经销商唯一的经营目标。过度看重别人已成熟的品牌，并不惜代价地盲目猎取，只能变成"品牌"的奴隶。因此，经销商要建立自有品牌，一定要认清品牌的意义，对品牌建设的投入要保持高度理性，绝不能为了"品牌"而拼命。

服务也疯狂：经销商在卖产品的同时更要卖服务

传统渠道经营的观念始终是围绕着利用产品的销售来实现的，即如何把产品卖出去，这是最高目标，因而其利润来源也只是依赖挣取微薄的产品销售的"差价"，他们经营商品的目的只是为了销售产品，这就是经销商传统的典型的小商品经营的观念。

要摆脱目前的经营困境，就要从观念上重新定位，从经销商到服务提供商，传统经销商向专业服务商进行转型，即经销商利润的主要来源将不再是产品，而是为产品提供服务。

前不久，上海大众宣布推出国内首张汽车联名信用卡"Techcare[①] 大众关爱"，并宣称以此进入汽车金融服务新领域，依靠它复兴上海大众。

不同于市面上流行的其他信用卡，"上海大众龙卡"是一张为上海大众现有车主和潜在车主量身打造的信用卡，因为它不

[①] Techcare，是 technologize（技术化）和 care（关爱）的缩写，意味着上海大众标准化的专业服务和全程无忧的关爱。

但具有龙卡双币种信用卡的性能，同时还为用户提供买车、养车等方面的增值服务。持卡用户只需通过日常消费就可轻松获得积分，用于抵扣买车、养车的费用。

上海大众此次推行龙卡被视为营销方式转变的积极体现。众所周知，上海大众传统的营销模式在近几年遇到了越来越大的阻碍。不断下降的市场份额逼迫上海大众进行营销模式的转变，而一张看似普通的信用卡透射出了上海大众"想翻身"的思路。

未来的消费者将越来越精明，汽车是一种大宗常用消费品，需要经常性的服务。消费者不是买回去就一劳永逸了，如果商品各方面的性能都是超一流的，而忽视了售后服务这一关键层面，消费者也肯定是不会买账的。谁善待消费者，消费者就会把谁捧得很高；谁欺骗消费者，消费者就会弃谁远去。

当然，经销商实现转型后，更要加强自身服务的功能，增加服务的内涵，进行现代化的改造，例如，对运营体系的现代化改造，建立现代化的仓储、物流配送、信息反馈、零售网络的开拓和维护等，这些方面要更加强化，而且还要创造高效率的服务，使自己在企业整个价值链条上获得不可替代的地位。

许多经销商经常喊苦、抱怨自己的前途渺茫，发展无门。其实，并非没有出路，没有市场，就看经销商如何打点自己的未来，策划自己的经营思路。许多眼光灵活的经销商利用服务的差异化，在其他方面为自己创造出不菲的价值。

如今，市场竞争越发激烈，生意越来越不好做，即使面对各种形式的促销，消费者也都审美疲劳，效果越来越差，在新的经济形势下，应该怎么办？除了选择质量优良、适销对路的产品，做差异化促销拉动外，还要在一些竞争软件，例如，在服务上下工夫，做好服务管理，提升服务水平。那么，经销商如何才能做好服务管理呢？

1. 做好售前工作

售前，是销售的前提和基础。售前做得好，可以更好地吸引顾客上门或增加顾客在门店停留的时间。经销商老板必须从制度层面规范售前服务。

（1）要制定和完善考勤制度，以确保导购员能够按时上下班

在某些商场，经常看到一些导购员不按时上班，让客户扑空，而选择其他品牌产品。导购员在上班安排上，要迎合顾客的时间。顾客中午或下午下班，才有时间去商场，而有的导购员却在这个时间段到外面吃饭，跟顾客失之交臂。

当然，导购员也不能提前下班，在经济不景气的当下，经销商必须抓住一切可以抓住的机会来增加销售，在这方面，经销商可以通过不定期检查、抽查或设立全勤奖等方式来加以引导。

（2）要做好门店内外的环境管理

购买产品其实购买的是一种心情。经销商必须要制定环境卫生责任制度，包括门店外红地毯的铺设及卫生打理、绿植浇水及整饬、店面卫生的清扫、产品的擦拭与清洁、货架货柜的摆放和归位等，要做到干净卫生，整洁有序，给顾客一种愉悦感，才能让顾客更乐意在门店停留，从而创造更多的销售机会。

(3) 对导购员进行系统培训后上岗

有的导购员自己都不清楚先从哪些方面跟顾客介绍产品，又如何能激发顾客的购买欲？所以，把没有经过培训或训练的导购员派到商场或门店是最大的失误。

经销商必须对导购员，尤其是刚入职的导购员进行有关销售心态、顾客需求及购买动机、产品知识（包括工艺流程）及卖点、销售沟通、企业发展历程、文化理念及品牌历史等的系统培训，以灵活应对顾客有可能提出的各类问题。

2. 认真对待售中过程

销售就是把自己和产品推销给顾客的艺术。售中，决定了能否成交，所以，做好售中服务至关重要。具体包括以下几点。

(1) 第一印象非常重要

要想树立良好的第一印象，需讲究"五声四勤"：

①五声。迎声、答声、谢声、歉声、送声。即进门时有迎接的声音；询问要回答；无论买与不买，都要表示感谢；如果耽误了顾客的时间或有不妥当的地方，例如，促销期限已过或让顾客久等了，要表示歉意；无论买与否，都要欢送一下。

②四勤。首先是眼勤，要注意顾客的行为，如招手、想咨询的眼神等，要能快速做出反应。其次是嘴勤，不仅要说"您好、请、谢谢、抱歉、再见"常规礼貌五句话，而且还要做到人未到声先到，以让顾客感受到导购员的热情。再次是手勤，要做到百拿不厌。最后是腿勤，不要让顾客久等，要快事快办等。

(2) 经销商老板要善于给门店店长、店员授权

一些老板经常会喊累，为何累？跟经销商老板不善于、不敢、不会授权有关，抓大不放小。想给顾客一点折扣或优惠，或顾客想多要点赠品等，都要反复请示老板。也许就在请示之间，顾客已转到别的门店。

顾客一般都喜欢爽快的店长或店员，一点鸡毛蒜皮的小事动辄都要打电话找老板商量，不仅会耽误顾客的时间，而且即使最后申请到了，顾客也往往是不满意的。因此，要对店长和店员进行适当的授权，刚开始可以一点点授，慢慢再扩大，不仅能够激发员工的责任心，而且还有助于提高顾客的满意度。

(3) 要遵循服务七准则

在销售过程中，要遵循七项准则。如下表所示。

服务七准则

准 则	说 明
视顾客为上帝	待顾客如亲人、朋友，无论面对什么样的顾客，都能认真聆听，真心对待，而不是对顾客"挑挑拣拣"
不怠慢顾客	要做到有求必应，买不买都一样的服务态度，即使遇到挑剔的顾客，也要通过自己真诚的服务来进行感化
不轻易拒绝顾客	顾客都不喜欢被拒绝，购物也一样，当我们没有顾客需要的产品品项或品类时，我们可以说："您可以看看这一款，它也许适合您。"
永远面带微笑	板着一张阶级斗争的脸是无法取悦顾客的，要想讨顾客喜欢，必须要展露微笑。微笑是一种亲和力，是一种潜意识下对对方表示欢迎的体现，所以，要想卖给顾客产品，就要求导购员要保持发自内心的笑容

续表

准则	说明
不与顾客争执	有的导购员遇到不喜欢听的话，或者沟通中顾客流露出的不专业，马上进行迎击，一逞口舌及心理之快，殊不知，看似你口头上赢了，实际上你已经输了
不自以为是	不要以为你是第一品牌、一流货色，而表现出对顾客问题的不满、不屑，要记住：产品非你一家，替代品多的是，傲慢与自以为是，只会让顾客疏远你
服务要持续	销售是一个连续的服务过程，也是一个情绪连续传递的过程，千万不要因为顾客暂时不买，或做比较，而出现服务虎头蛇尾等现象，这种短视，会给竞争对手以可乘之机

当然，经销商还要从绩效制度上规范、约束店长、店员的市场行为，比如，不得为了卖出产品而随意承诺客户、不能为了业绩而卖给顾客不适合的产品等。

3. 不要忽视了售后服务

良好的售后，可以促使顾客多频次或改善型购买，也可以成为"意见领袖"而影响、带动别人购买，甚至可以形成口碑效应，实现品牌的低成本传播。

经销商的售后提升，包括以下几个方面。

（1）制定售后服务流程、标准及制度

有的经销商的售后服务缺乏体系，责任不明确，大家互相推诿；有的服务人员着装、行为不规范，让顾客对品牌形象产生怀疑；有的虽然提供了服务，但不到位，或做得很差，但由于没有跟踪制度，得罪了顾客，作为老板还浑然不知。所以，经销商老板必须要建立售后服务制度，让服务有"法"可依，有"法"必依，通过规范的服务，树立品牌的良好形象。

（2）售后一定要进行跟踪、评估和考核

一些承担了售后的经销商，虽然看似也有一些服务标准及规范，但那些仅仅落实在"墙上"或口头上，要想真正落到实处，必须要对每一次售后进行独立跟踪与评估，尤其是对于服务外包模式，更要结合厂家对每次售后进行至少一次的电话回访，并对服务承包商的工作人员的服务标准执行情况进行评估和打分，且纳入考核体系，与当事人经济效益挂钩。

如此，才能真正改善工作，才能让当事人真正重视售后服务工作，从而真正提升服务水平。

（3）以售后为前沿平台开展销售

售后既是为顾客解决产品存在的问题，或为顾客提供一揽子问题解决的方案，同时，也是发现顾客需求，尤其是潜在需求的市场机会。

作为经销商，不要把售后作为一种负担，不要把顾客投诉当成"无事生非"，而应该把售后当成一个开辟"第二战场"的平台，通过良好的售后服务，尤其是服务中的细致沟通，探寻、挖掘、引导，甚至是创造顾客的新需求，这才是营销的真谛。

在全球经济一体化，经济滞胀的新形势下，经销商必须把服务提升到与营销同等的高度，二者彼此呼应，相得益彰，才能在产品同质化的今天，找到市场增长的突破口，才能领先一步，从而获得市场的先机，更好地提升自己的市场份额。

第五章
模式革命,变革才有未来

第五章 模式革命,变革才有未来

电商模式:当经销商遇上网络

随着互联网的快速发展,越来越多的企业开始"触网"。由于不受时间、地域的限制,传统经销商销售业绩受到不同程度的影响,这已经成为业内共知的事情。相比3C产品(Computer, Communication, Consumer Electronics, 即计算机、通信产品和消费类电子产品)、服装类快消品网络超女,家居行业作为新生军,必将面临同样问题,电商来袭经销商将何去何从?以下是两则电商转型案例。

案例一:

京东:从光磁产品代理商转为电商

2001年,京东还是一个光磁产品领域的代理商,销售量及影响力在行业内首屈一指。2004年,刘强东放弃实体店的扩张计划,进军完全陌生的电子商务领域。2004年1月,京东多媒体网正式开通,经营电脑产品:从光磁产品逐步扩充到主板、中央处理器(CPU)等电脑核心产品。

2003年,非典型肺炎(SARS)爆发,北京肆虐期间,中关村店铺无人关顾,产品价格遭遇跳水价,短短21天,刘强东亏掉了800多万元人民币,占其资金总额的1/3。在那之前,刘强东的梦想本来是想走宏图三胞或国美路线，在全国开家电、信息技术（IT）连锁零售店。

SARS之击，让他决定放弃线下，投奔互联网。如今，京东成为最近几年电商界最大的一匹黑马，2011年的净销售额达210亿元人民币。

案例二：

麦考林：邮购公司转型为电商

成立于1996年1月8日，是国内第一家获得政府批准的从事邮购业务的三资企业。并于2010年10月26日以"B2C（商家对顾客）第一股"的概念登陆纳斯达克。

上市时，麦考林80%的销售额来自于目录、邮购、实体经营等线下业务。上市后，麦考林开始向B2C转型，大力扶植宣传麦考林旗下电子商务平台——麦网，将更多的邮购客户转移到网购平台上，并终止了此前的门店扩张策略，直营店数目大幅减少。

作为邮购公司起家的麦考林，在2010年以来发现整个市场格局正发生变化，国内B2C网站发展势头迅猛，许多公司纷纷拿到巨额融资，规模甚至高于麦考林首次公开募股（IPO）所得融资，这对麦考林的邮购业务造成了巨大的冲击。在这种形势下，麦考林决定调整战略，全力促进互联网业务增长，转型做网购B2C。

截至目前，麦考林向B2C的转型基本可谓失败。转型一年后，即2011年年底，麦考林方面又表示将放缓对互联网业务的投入。截至2012年第一季度，麦考林净营收3710万美元，同比下降22.8%，净亏损420万美元。

经销商是当代我国经济发展的一个特殊群体，其作为商业活动中承载企业与消费者的承上启下的重要环节，在无法改变的互联网面前，必须顺势而为，结合自己的优势与特点，快速加入互联网营销的行列，只有这样才能在营销的革命面前重新构建自己的根据地。

1. 为上游企业做好地面形象服务

这是经销商经营的根本。

经销商作为企业载体，为品牌在区域的发展立下了赫赫战功，一个品牌能在一个区域取得骄人的成绩，需要经销商有扎实的开拓市场的能力，有打造强势营销团队的张力，更需要有对市场快速反应的应变力。

互联网营销的浪潮完全突破以前每一次营销变革的规律，让经销商感到了前所未有的压力，互联网营销让企业的产品与信息直接展现在消费者的眼前，抛弃了原有的渠道模式，让经销商的销售与利润受到了愈演愈烈的侵蚀。

作为传统经销商，应该将上游企业想做而有心无力的事情做到极致，使自己牢牢地掌控渠道的话语权。如家电经销商。

现在的家电连锁卖场正逐渐向三级、四级市场转移，作为上游企业要将物流、陈列同步到这些市场是需要花费巨大的人力与资金的，经销商作为区域品牌代理人，与卖场直线对接，有人力与物流的优势，可以取代厂家在区域卖场连锁的所有功能，负责所有产品的即时物流，在产品的运输方面让厂家无后顾之忧；负责厂家在卖场的产品陈列与导购，厂家对于远距离的卖场，在管理上必然是鞭长莫及的，而经销商有人员与时间的优势，对卖场的专柜可以做到时刻管理，让品牌形象得到好的维护，让销量得到持续增长。

当经销商将厂家的区域营销功能完全纳入自己的工作中时，既帮助上游厂家解决了开拓与维护市场的难题，又为自己的企业奠定了发展的根基。

2. 转变物流职能，深抓渠道机遇

区域经销商能够快速的发展，企业能够与之合作都是因为经销商有人力与物流方面的优势，在传统营销盛行的年代，经销商利用自己的优势，快速地帮厂家将品牌在区域市场落地，并取得不俗的业绩。

随着互联网营销的渐行渐近，上游厂家与消费者开始了面对面的沟通，让经销商的十八般武艺一下没有了用武之地，经销商对未来的经销模式走向陷入了迷茫中，也是当前经销商销售额急剧下降的原因，那传统经销商是不是就无法走出现在的困境了呢？

阿里巴巴与家电商业航母日日顺之间的合作为传统经销商指出了一条明路，日日顺最大的优势是物流体系的完整，为电子商务打通了最后一个关键环节。传统经销商在区域物流的优势应该说还强于日日顺，很多的经销商的物流体系能够做到"门到门"的传递，

在物流体系十分完善的情况下，互联网营销让经销商的物流有了发展。

在此情况下，经销商应该与上游企业的电子商务进行对接，成为上游企业的电子商务物流商，充分发挥自己的物流优势，从经销商向物流商的职能转变，传统经销商迎接互联网浪潮必须要楔入互联网营销的环节，才能在互联网大潮中站稳脚跟，寻求更大的发展。

3. 建立自己的互联网营销体系

随着科技与经济的高速发展，互联网营销将会成为不可逆转的营销趋势，消费者由从网络文盲到网络运用的全面普及，消费者的结构层与文化层也发生了根本性的变化，互联网营销成为现代的消费主流。

因为互联网突破距离的特性，导致传统经销商慢慢被抛弃在了市场的边缘，此时，经销商应该利用聚集了众多上游品牌优势，建立自己的互联网营销体系，完善电子商务结构。现在，消费者在网上购物已经成为习惯，传统经销商有了自己的电子商务，直接面对消费者，让自己的商业模式与市场同步。

当然，经销商建立自己的电子商务体系，会与上游厂家出现区域冲突，如价格冲突，为了解决这类问题，经销商在电子商务的设计中可以只针对自己的区域市场，做到线上线下不脱轨，各种渠道从容应对不同的消费群体，最终让企业跟随时代脉搏，踩准每一次营销趋势，让传统经销商永不落伍，长久发展。

不管互联网的营销多么犀利，不可否认的一点——传统经销商仍是商业模式不可或缺的一环。作为品牌到消费者手中的载体，虽然是最容易受营销变革冲击的群体，但只要经销商保持超前的战略眼光，紧盯市场的变化，在互联网营销的浪潮中一样可以为自己打造乘风破浪的力"舰"。

连锁模式：从幕后走向前台

"积极的进攻才是最好的防守"，建立自己的连锁体系是一种"前向一体化"战略。建立的方式有两种：一是利用自身的资金和人员优势独立布点；二是利用品牌和形象资源发展加盟商。选择这一发展方向的经销商除了具备一定的资金和品牌实力，更需要具备较高的管理水平。

连锁经营是指经营同类商品或服务的若干个企业，以一定的形式组成一个联合体，在整体规划下进行专业化分工，并在分工基础上实施集中化管理，把独立的经营活动组合成整体的规模经营，从而实现规模效益的一种经营模式。

连锁经营把分散的经营主体组织起来，具有规模优势；连锁经营都要建立统一的配送中心，与生产企业或副食品生产基地直接挂钩；连锁经营容易产生定向消费信任或依赖；消费者在商品质量上可以得到保证。

在当前市场条件下，"单店突破"的营销效应会越来越差，而连锁经营模式就是传统经销商的一种"系统升级"，它决定了经销商在未来竞争中所处的位置。

第五章　模式革命，变革才有未来

现在，我们就连锁经营的三种形式：直营连锁、特许经营和自由连锁来加以说明。

1. 直营连锁

提到屈臣氏，消费者都已耳熟能详。屈臣氏集团——全球第三大保健及美容产品零售集团，在亚洲和欧洲拥有3300多间零售店。去过的人真切地享受到了它舒适的购物体验，没去过的对其"个人护理专家"的大名也是如雷贯耳。

自1989年4月在北京开设第一家店，如今屈臣氏已发展到四十多家。2002年屈臣氏个人护理店在全球的销售额超过人民币610亿元，仅我国便超过5个亿。

屈臣氏是李嘉诚旗下屈臣氏集团的保健及美容品牌。据了解，屈臣氏集团已经在内地拥有三项投资，分别是屈臣氏个人护理商店、百佳超市和屈臣氏蒸馏水。屈臣氏不会开展特许加盟来加快开店速度。无论是集团旗下的屈臣氏个人护理商店还是百佳超市，全部以直营方式拓展市场，因为加盟店的管理容易失控。

屈臣氏是不会接受个人加盟的，只能是以直营方式进入一个城市，而且对于地址的选择有很严格的要求，包括经营场所的面积、人流量等。屈臣氏个人护理商店是屈臣氏集团最先设立的零售部门，在8个国家和地区拥有700间个人护理连锁零售店，成为亚洲最大的保健及美容产品零售连锁集团，其业务范围覆盖我国大陆、香港、澳门、台湾，以及新加坡、泰国、

模式的革命

马来西亚、菲律宾，为每周平均总数高达 200 万的顾客提供最大的购物乐趣。

所谓直营连锁是指连锁门店由连锁公司全资或控股开设，在总部的直接控制下，开展统一经营、利益独享、风险独担的一种高度统一的商业经营形式。

屈臣氏集团在多地出资设店，各分店的所有权都由总公司所有，总部负责连锁公司在人事、财务、投资、分配、采购、定价、促销、物流、商流、信息等方面实行高度集中统一管理经营，而店铺只负责销售业务。

屈臣氏集团采取直营形式是因为容易控制各店，统一经营管理有利于发挥整体优势，占有市场；整体实力雄厚，有利于同金融界和生产商打交道；集中采购的方式使集团从整体上获得成本上的优势；集团的政策也具有较大的自主性、灵活性和方便性。

屈臣氏集团发展迅速，现在已具有庞大的资产，存在较高的经营风险；各分店没有自主权，各分店的积极性、创造性和主动性受到限制；集团管理系统庞大，导致管理成本高；总部远离市场，而处于市场第一线的分店权力受限，不能灵活应对市场变化。

2. 特许经营

中国连锁经营协会会长郭戈平向著名餐饮老字号全聚德集团颁发中国特许经营行业最高奖"中国特许经营奖"，以表彰全聚德集团成立 12 年来为推动我国连锁经营发展所做出的杰出

第五章 模式革命，变革才有未来

贡献。

全聚德共有400多个品种的菜肴，与"麦当劳"和"肯德基"相比，它显得太复杂了。但是既然消费者能在不同的"麦当劳"吃到相同味道的汉堡包，就必须要到不同的全聚德里吃到同一味道的烤鸭。这既是市场的要求，也是实行特许经营的关键步骤。于是集团投巨资建成全聚德食品厂，也就是自己的"中心加工厨房"，对鸭坯、饼、酱实行统一加工、统一配方、统一销售及统一配送。经过8个多月的定标工作，全聚德终于推出了除烤鸭外的22种"标志性菜品"，要求所有特许店必须经营。

为贯彻制作标准，集团组织了严格的培训工作，不合格者，先下灶，再下岗，以确保全聚德的菜品品质能够统一。除了"标志性菜品"外，各加盟店可以八仙过海，各显神通。例如，四川全聚德可以经营川菜、广东全聚德可以经营海鲜。让消费者既有目标性，又有选择性，将全聚德的共性与各加盟店的个性有机地结合起来。

不到长城非好汉，不吃全聚德烤鸭真遗憾！在百余年里，全聚德菜品经过不断创新发展，形成了以独具特色的全聚德烤鸭为龙头，集"全鸭席"和400多道特色菜品于一体的全聚德菜系，备受各国元首、政府官员、社会各界人士及国内外游客喜爱，被誉为"中华第一名吃"。敬爱的周恩来总理曾多次把全聚德"全鸭席"选为国宴。

特许连锁是指连锁者将自己拥有的商标（包括服务商标）、商号、产品、专利或专有技术、经营模式等，以特许经营合同的形式授予被特许者使用，被特许者按照合同规定，在特许者统一的业务模式下从事经营活动，并向特许者支付相应费用的一种商业经营形式。

全聚德通过加盟条件和加盟者签订合同，加盟者要符合相关条件和遵守全聚德的制度，接受全聚德的统一配送，统一使用全聚德的微电脑烤鸭炉，统一使用全聚德的餐饮计算机管理系统，交纳相关特许经营费用，没有自己的经营权；加盟者对自己的店拥有所有权。

特许经营的最大好处是能实现低成本扩张，没有资金上的投资风险。全聚德最近准备面向全国招商，只有通过这种方式才能实现快速发展，抢占市场。但是特许经营对于品牌、声誉等无形资产可能带来的损失不可低估。尽管特许经营会对加盟店进行技术、服务、管理等方面的指导和培训，但加盟店的经营水平最终还是取决于该店自身的管理水平。

3. 自由连锁

奥地利 SPAR（连锁超市名称）的前身是奥地利的 11 家批发商，在 20 世纪 50 年代分别加入 SPAR 国际，经过 20 年的发展与合作，这 11 家批发商建立了充分合作和信任的关系，统一品牌、统一理念、统一规则，并最终合为一体，组建了一家股份制公司。

第五章 模式革命，变革才有未来

目前，奥地利 SPAR 拥有 1000 多家独立的零售商，占到了该国 30% 以上的市场份额，牢牢占据了第一的份额。由于来自国际 SPAR 的强大压力，使得原来进入奥地利的家乐福也不得不撤出奥地利市场。

近年来，SPAR 在日本长驱直入，目前拥有 1200 多家店铺。拥有 70 多年成功经验的 SPAR 将为我国企业带来全球最成功的店铺营运经验、物流配送体系和先进的店铺设计，为我国中小零售企业带来的将是一个在全世界享有盛誉，并将持续发展的自由连锁品牌。国际 SPAR 于 2004 年正式进入我国。

我国的第一家 SPAR 门店开张于 18 个月前。目前 SPAR 在我国的 4 家合作伙伴的合并销售额超过 7.5 亿欧元，所有合作伙伴在过去 3 年中的年平均增长率接近 50%。我国 SPAR 的成立，预计在未来 3 年时间内，将在山东、河南、湖北和广东 4 省发展 150 家 SPAR 大卖场和超市。

自由连锁是企业之间为共同利益而结成的一种合作关系，是现有的独立零售商、批发商或制造商之间的横向或纵向的经济联合形式。SPAR 之所以能够成为全球第一自愿连锁组织，是因为它为全球各国的中小零售企业提供了国际上最优秀的超市经营技术和信息，介绍 SPAR 网络的组织、协调与交流经验，促进众多的连锁盟友之间合作销售，用统一而有效的商品营销、展示方式吸引消费者。

我国众多的区域中小零售企业正处于生存空间迅速萎缩、竞争压力空前增大的不利境地。SPAR 所扮演的角色，就是帮助各国的区域中小零售企业提高自身的竞争能力,给区域中小零售企业带来更多的价值。

SPAR 大卖场、超市、便利店三种业态共同发展,帮助合作伙伴吸收 SPAR 的先进经验和经营技术,提高它们的水平,这将对更多的我国中小零售企业产生吸引力,然后再以它们为中心,展开与独立零售店的合作。

SPAR 将与供应商就优惠的采购条件进行谈判。不是仅针对国际性品牌的供应商,而是针对任何有利于相互合作的供应商,以此来支持我国的区域中小零售企业,同时,也为供应商提供出口的机会。

看了以上三个案例,对于连锁模式应该有了大致的了解。可是,需要说明的是,连锁经营虽然有其巨大的优势,但也存在一定的风险,很多人只一味看到连锁经营发展快、好处多,而忘了事物总是存在着两面性,往往是不加分析,盲目地发展或参与连锁经营而遭到失败。

连锁经营不是一用就灵,它只不过是一种经营组织方式,只有和经营者的能力、资金以及市场环境等各方面因素相结合才能发挥出最大的功能,所以,在看好连锁经营的同时应对连锁经营存在的风险有清醒的认识。

聚焦模式:做细分市场的领导者

在竞争战略中,积聚战略占有重要地位,也称为专一经营战略。对于经销商来说,就是专门做一种产品或专门做一类市场。其优点是：避免资金分散，提高投入产出比；树立专业化形象，产生集群效应。

在珠海，有一位经销商以前是做汽配的，品种与周围的同行没有多大区别，也偶尔做油品，竞争非常激烈。后来，老板发现了空调行业的某个油品在市场上仅仅壳牌、出光有，利润极其丰厚，便开始代理壳牌的该类产品，首先做下了格力空调，经过三年的发展，其市场占有率达到了70%左右，在2014年更是投资5000多万元建立了占地40亩的现代化厂房，其厂房比邻珠海壳牌、BP（英国石油公司）。选择聚焦战略的经销商一般具有一定的发展经验和实力积累，但还不够大，难以实现整体上的规模发展，所以在局部市场或局部产品上取胜是一种思路。

很多商家以前是求"全"，全渠道、全品系；而未来，经销商只有做到"专"，才能适应行业发展趋势。对此，我们姑且将专注于某个渠道精耕与维护的经销商称之为"专商"。专商，不仅仅是一个专一的问题，更是要求经销商在舍与得方面做出选择，对经销商的战略眼光和自身条件都提出了更加严格的要求。

经销商为什么要做"专商"？从外部环境分析，当前，各行业的营销环境正在发生深刻变化。厂家的渠道逐渐扁平化，对经销商提出了新的要求，也和经销商站到了同一战线上；市场操作费用不断增加，加上多渠道运作，使得管控越来越难，这就要求经销商必须拥有非常正规的运营管理体系，在渠道建设上做到更加专注，资源掌控更加有力。

模式的革命

从内部因素分析，经销商只有做到专一和专业，才能明晰自己的战略目标，确立自己的竞争优势。前些年，经销商都是当地很多渠道的综合代理商，拥有商超、商店、流通等多种渠道。而现在，经销商正在从"多"向"专"进行转变，就是做"某一渠道的专业运营商"。例如，专一做团购，专一做酒店，专一做烟酒店，专一做商超，乃至专一做礼品市场、婚宴市场、定制酒。从经销商来讲，聚焦专一渠道，可以将自己的优势高度集中，渠道运营更加专心和精准，更能在某一渠道进行深耕。

另外，从行业分析，未来社会分工将更加细化和具体，代理商同样如此，所以，未来的经销商只有"专一"，才能做到"专业"，才能提高经销商的掌控力，提高经销商自身品牌影响力，提高自身在厂家面前的谈判筹码，适应未来的行业发展趋势。

现在很多经销商看起来盘子很大，很多渠道都有涉入，而这往往都是因为早期缺乏公司整体规划，自然积累下来的结果。经销商经营模式的多样化，必然会出现多种不同管理和业务体系并存的情况，这会直接导致资源的有效利用率低、内耗严重等情况，每个项目都想做，往往会出现每个项目都做不好，贪多嚼不烂。不如沉下心来，集中资源，确定方向，就做单打一，也就是专业化发展。

那么，经销商怎样才能实现专业化发展，做个好"专商"呢？

1. 看清自己的优势

经销商要梳理资源，看清自己的优势，从优势中寻找到适合自己发展的渠道或者品牌。商超、酒店、团购、烟酒店，每个渠道都有其自身价值和作用，经销商必须要有钻的精神，抓住某一个渠道进行深耕。当团购渠道火热时，经销商也没有必要都去抢这个独木桥，而要独辟蹊径，创新思路。

2. 专业化的运作

经销商必须有相匹配的专业化运作团队，在组织系统建设和管理方面要做到健全、完善、稳定、专一、专业。

3. 敢于做到有舍有得

从全渠道向专一渠道转变，必然会出现有些资源要放弃，甚至在短期内要切掉一些项目，业绩会直线下跌，员工的习惯在短期内难以扭转，专业研究和培训体系还见不到效果，专业化的运行机制还在不断地修改完善中，各类来自公司内部和外部的质疑和否定持续不断，竞争对手会非常快地吞掉被切出去的项目和渠道，而市场定位和客户认可度又难以在短期内建立起来。

以上这些，都是经销商在转型过程中必须要经历的阵痛。所谓"术业有专攻"，人要有自己的优势领域，企业同样如此。社会分工日益精细，"专商"时代就要来临。"专商"的出现也预示着各个渠道都将会加速整合，最终大浪淘沙，行业的集中度加强，剩下来的经销商将会既"专"又"大"，成为当地的强势渠道运营商。

模式的革命

补缺模式：下农村，深度营销目标市场

补缺经营，即企业将自己的产品定位在目标市场目前的空缺部分。市场的空缺部分指的是市场上尚未被竞争者发掘或占领的那部分需求空档。企业选择填补策略，大都因为该种经营能避开竞争，获得进入某一市场的先机，先入为主地建立对自己有利的市场地位。

市场不是铁板一块，在貌似已被若干企业瓜分完毕的市场上，总会留有一些空白点，例如，农村。这些空白点也许是商品结构上的，也许是空间分布上的。经销一种商品市场，必须善于发现这些空白点，一旦占领了这些空白点，商品就有了立足市场并不断拓展的机会。

在实际中，不少经销商的成功就是利用了占领市场空档的策略，其主要之处，在于发现了一个尚未被满足的需求群体，并果断占领这一空档。

黑人很少使用化妆品，这是人所皆知的事实，但美国化妆品制造商约翰逊却锐意开拓黑人化妆品市场。他认为，爱美之心人皆有之，并非黑人不爱美，只是由于种族歧视压抑了黑人的爱美之心，而且随着黑人生活水平的提高，黑人中必定有潜在的广大的化妆品市场，黑人化妆品系列定会受到他们的欢迎。

每推出一个新产品，都是一场智力的较量。约翰逊为了使自己的新产品粉质化妆膏迅速走向市场，易于被广大消费者所

第五章 模式革命，变革才有未来

接受，日夜冥思苦想，终于拟出一句非常巧妙的广告词："当你用了佛雷公司的化妆品，再擦一次约翰逊的粉质膏，将会收到意想不到的效果！"这句广告词既没有贬低佛雷公司的产品，又含蓄地宣传了约翰逊的粉质膏，能吊起消费者的胃口。

但是，公司的宣传顾问对这句广告词却不以为然，认为这种"依附式"的宣传，没有个性，会长了他人的志气，灭了自己的威风。约翰逊据理力争，他说："在小人物的成名术中，有一招叫'与大人物同在'，这与商品销售中的衬托法有异曲同工之妙。"

"现在，几乎很少有人知道我叫约翰逊，可是如果能站在总统身边的话，我的名字马上就会家喻户晓，人人皆知了。在黑人社会中，佛雷公司的产品享有盛誉，如果我们的产品能和它的名字一同出现，明里捧着佛雷公司，实际上是提高了自己的身价。"

实践证明，约翰逊的想法是正确的，消费者在比较使用中自然而然地接受了约翰逊的粉质化妆膏。到了最后，约翰逊黑人化妆品制造公司的产品销量超过了佛雷公司，成了全美大名鼎鼎的黑人化妆品生产企业。

市场虽然有很好的流通作用，但在一定时间内，总会形成一个空缺，如果能抓住这个空缺，就可以走上一条致富的捷径。

善于发现市场空当是企业发展的重要条件，尤其是在今天的市场形势下，能否占据市场空当，对企业更有莫大的意义。

模式的革命

我国既有产品更新换代、求新潮的需求，又有自然资源丰富的优势。要发现和占领市场空当也不是容易的事，要想有效地补缺，经销商须掌握以下要领：

第一，选准空当。补缺必须选准市场之缺，竞争者之缺。

第二，要精于"填补"市场空缺。以精巧设计、精心制作、精诚服务赢得不同层次消费者的喜爱。

第三，要顺应潮流。填补之举，必须顺应时代色彩，顺应时代潮流。目前，国际市场上的小商品的发展趋势是：微型化、多用化、新颖化、现代化。顺应这些市场发展潮流可以得到丰厚的回报。

第四，填补空当，要抢先一步。市场空当，是企业发展市场的极好机会，具有阻力小、竞争者少的优点。我国市场是一个巨大的潜在市场，存在着大量的市场空当。

如果说注重未来市场是大型企业发展市场的主攻方向的话，那么，寻求市场空当，发展市场对于中小企业则是十分可行的方法。

我国有作为的乡镇企业经营成功的一条共同经验在于不与大厂争原料，抢市场，而是寻找大企业不屑一顾的市场空当，以求发展。所以，作为企业的经营者也应把寻求市场空当作为一条重要思路，培养自己发现市场空当的"注意力"。

农村市场是深度营销的目标市场之一。补缺战略是处于市场补缺地位的经销商需要选择的方向。在未来的市场竞争中，重量级的竞争对手可能还在争夺城市终端，中小经销商如果能够避开城市竞争的硝烟，专心开拓农村市场，会有意想不到的收获。

第五章 模式革命，变革才有未来

加盟模式：背靠大树好乘凉

加盟是连锁企业授权的特许经营。特许经营起源于美国，以后逐步传到欧洲和日本。目前美国特许经营企业超过3000个，加盟网点25万多个，年营业额近8000亿美元，占美国社会商品零售总额的40%以上。对于实力不够但已经具有一定销售网络的经销商来说，选择加盟或许是一种上策。

加盟的优点是，一是可以共享加盟系统资源，降低经营风险；二是可借助网络优势，提高赢利水平。经销商选择加盟连锁企业的最大困难在于物色一个好婆家；否则，嫁鸡随鸡，嫁狗随狗，碰到一个看似正规实则虚弱的网络，就会毁了自己。

近些年，连锁加盟经营模式在服装行业风生水起。连锁加盟这种经营方式可以省去个人创业时不得不经历的一些曲线弯路。这样一个赢利的创业模式听上去似乎不错，但目前，形形色色的连锁加盟项目层出不穷，投资者必须经过谨慎的思考和周详的考察才能确定。

"麦哈姆"的特许经营项目就是一个很好的"反面典型"。

"麦哈姆"打出颇有诱惑力的广告，称自己为国际驰名品牌，宣称确保"连锁一家成功一家"，使得30多位创业者被骗加入，连锁费30多万元也打了水漂。而实际上"麦哈姆"连基本的注册都未取得，不久前已被国家工商总局查封。

模式的革命

而在大连,被所谓的连锁加盟"套牢"的投资者也不少,资金从几千元到十几万元不等。一些人几乎是拿着家底去投资,结果非但没有"日入斗金",连本钱都收不回来。

1. 加盟的要点

如何加盟一家企业呢?

(1) 仔细思考之后再行动

千万不可被现场其他人纷纷"签订合同"的气氛所感染,或者听从其"名额有限,欲加盟从速"的煽动,头脑发热当场签了合约。将合同拿回家,反复审核,对不明确的条款和可能存在的问题一一标出。

(2) 对比一下加盟合同,发现端倪

通过网络或别的渠道找到开展连锁经营比较成功的品牌,查看它们的加盟合同,再与你手头的合同两相对照,查看你的合同有什么不足之处。

(3) 主动向专业人士请教

请一些对商业经营、经济合同有专业经验的人帮你审核合同,让他们指出合同中可能存在的问题与不足。

(4) 不怕辛苦,多进行实地考察

要想加盟,一定要考察其直营店;要考察其直营店,一定不要由其公司人员陪同,而要在对方不知情的情况下暗访。

选择加盟店,需要认真考察和收集相关资料,不要冲动、片面地听取一些夸大的广告宣传。应该考虑以下几个方面：

①加盟店的品牌。选择一个成熟和有名的加盟店品牌，可以较大地降低投资风险。当投资者决定进入加盟行列时，应该选择市场上有一定知名度，并且有一定经营年限和规模的加盟体系，这样可以享受品牌效应所带来的好处，并且可以很快地进入正常的经营状态。

②具有特色经营。有特色的加盟店可以降低恶性竞争的风险，提高成功的机会。如今的市场上可以说只要你想得到的东西都可以买得到，你想得到的项目都有人在做，要在这样的环境下有一番作为，一定要有自己的特色，包括经营特色、产品特色、销售特色、管理特色等。

③系统管理培训。成熟的加盟体系有着良好的管理系统，可以降低经营上的失误。成熟的加盟体系至少要有数年的成功的经营历史，否则不可能有正常运作的较完善、统一的管理系统。

这个系统包括前期培训和持续性培训；经营管理系统和执行过程的强力监督系统；市场推广和客户管理的持续性和有效性；人力、物力和财力等日常运作方面的系统支援等。成熟的加盟系统，都会有一套完整的加盟企划、加盟章程、管理制度、经营原则、运营手册、培训手册和稳定规范的供货渠道等。

④加盟条件要求。应该选择自己的经济能力和自身条件都能达到的加盟体系。通常首先要考虑投资回报率，不是越低价格的加盟店越好，关键是所投入的加盟店能否带来长期稳定的收入。

⑤营业地点选择。店址的选择，是加盟者的一项长期投资，关

模式的革命

系着加盟店未来的经济效益和发展前景,两个同行业同规模的商店,即使商品构成、服务水平、管理水平、促销手段等方面大致相同,但只要所处的地址不同,经营效益就可能有较大区别,要选择最佳店址。

2. 加盟时有些公司要警惕

加盟时,有些公司是需要提高警惕的。

(1) 门槛低

产品的独特性差,只需少量资金即可经营的项目。

由于门槛太低,你能做,别人也能做,很快这类产品在市场上就会多如牛毛。这样,即使那些最先进入市场的品牌,其知名度也难以树立。因此,即使你交了这样那样的加盟费用,也很难享受到其品牌知名度带来的效益。你一说咨询,对方就特热乎;你说需要什么条件,他说免加盟费,其他费用也不多;你说缺乏经验、担心做不好,他说保管没问题……这种项目一定要离得远远的。

(2) 技术不成熟

有些行业在三五年的光景内,上演了一幕幕轰轰烈烈、热热闹闹的"加盟剧"后,便草草地收场了,各路加盟的"诸侯"亏得血本无归。

加盟一个项目前,一定要分析其市场前景、技术实质。那些靠人为炒作起来,实则没有什么技术含量,缺乏实质性功能(功效)的项目,切记不可进入。

（3）另立新公司

还有一类公司，其初衷不是想骗钱，看好某项目但自己的本钱又不够，于是玩空手道，通过招收加盟商，先圈到一部分钱，再通过这些钱去运转公司。

这类公司由于成立时间短、缺乏经验，有了钱也不懂得如何经营，眼看着钱被烧光，于是赶紧卷铺盖逃之夭夭。

（4）利润高

在加盟者来之前，加盟公司通知几个人做"托"，制造生意不错的假象。当加盟者询问赢利状况时，对方的计算机"嗡嗡"叫上一通后，吐出一堆数字来，最后告诉你，你的年赢利可达到多少多少。其实这样的加盟公司十有八九都是骗人的，因为他们压缩了这样那样的开支，虚夸了经营额和利润比例。

（5）合同骗局

要加盟就得签订加盟合约。那种加盟合同条款言语不通、前后矛盾、经不起推敲的公司，表明他自己也搞不清该如何开展连锁加盟事业，那你跟着岂有"出头之日"！还有的公司，在其合同中只强调加盟商的义务（交这个钱、那个钱，违约如何受罚等），而对自身的义务泛泛而谈，难以落到实处；再就是在合同中玩文字游戏，以此蒙骗加盟商。

代理模式：在巨人的肩膀上成长

找到一家有成长潜力的品牌做代理，是经销商健康成长的好路子。通过代理知名品牌，可获取稳定的收入。

代理知名品牌产品实际上对经销商的资金实力要求较高，除了网络优势，还要有一定的管理水平和商业信誉。更要命的是"薄利多销"，利润低得吓人。

很多经销商的误区是"市场上知名的品牌都有代理商了"，你是今天看到人家成功了，但你是否关注人家在几年前就开始一步一个脚印地在做市场。15 年前你怎么不代理统一呢？10 年前你怎么和嘉实多擦肩而过呢？5 年前你怎么看不上龙蟠呢？今天，你是否会再次错过这个机会？任何老板要成功，都需要"顺势而为"，你选择了这样的品牌，才能真正地成长。也可以说，"选择比努力重要"。

1. 了解代理商的种类

代理商主要分为总代理、区域与分品牌代理、总代理自己建立的省级分公司等，如下表所示。

代理商种类

种　类	说　明
总代理	又称全权代理，是在市场上作为被代理人全权代表的代理商。这种代理商有权处理本人日常业务或专业活动中随时发生的事务，也有权以委托人的名义从事一般性活动
独家代理	是一种狭义的代理人的概念，指通过协议规定代理人在特定地区、特定时期内享有代理销售某种商品的专营权。其业务限于商业活动，具有垄断性

续表

种类	说明
一般代理商	指在同一地区、同一时期内，委托人可以选定一家或几家代理商作为一般代理人，根据销售业绩支付规定的佣金和补偿费用
单一商号代理商	指仅为一个单一的企业主从事代理活动的代理商，其经营效益首先取决于企业主提供的业务情况，对企业主有很强的依赖性
区域代理商	指在一定区域或一定的消费集团内从事代理活动的代理商。此种不排除企业主自己在该地区内缔结交易或由第三人促成交易的可能性与合法性，但即使未参与，对于与企业关系规定的应由他代理的区域或消费集团成员所缔结的交易，同样享有佣金请求权
特许代理商	指被授予特许经销权或优先经销权的、从事独立商行为的代理商

2. 如何做好品牌代理商

如今，随着市场的不断发展，竞争的不断加剧，对代理商也提出了越来越高的要求，如何才能成为一名成功的代理商呢？

（1）正确选择品牌

作为一名代理商，你所代理的产品就是你的收益来源，也是你的事业的基础，所以必须要慎之又慎地选择合作的品牌。

选择品牌先得认清自己的实力，经营大品牌，获益的可能性比较大，风险也比较小；但大品牌经营的门槛一般比较高，供货折扣比较高，退换货等政策也往往比较苛刻，需要有较强的资金实力做后盾。如果你自身实力不够，也无法和大品牌取得平等对话的权利，在合作谈判中可能会处于劣势。

选择品牌的时候不仅要看该品牌的实力，也一定要清楚该品牌的潜力。必须了解该品牌老板的经营思路、其创造品牌的决心、该企业是否有专业的营销队伍等。有的企业也只是以为做品牌好赚钱，抱着试试看的心理运作品牌，并没有什么长远目标。

还有，要注意该品牌的产品特点，是否符合你区域消费者的身体特征和喜好习惯等。很多品牌的产品在南方畅销，在北方市场就不见得有优势。俗话说得好，没有最好，只有最合适。应该选择最适合自己的、实力相当的品牌作为你的经营首选。

（2）品牌的科学经营规划

品牌所有权是属于厂家的，你代理了，就拥有了区域的经营权，千万别把一切都寄托在厂家身上，所以，更多时候得靠自己。一些领先企业大都也只能为你提供一些经营理念上的引导，具体市场细节的执行都得靠你自己。

如果你刚刚起步，应该集中所有精力先做好一个品牌，切忌好大喜功；如果你已经有一定实力，可以经营多个品牌。但最好不要经营风格很雷同的品牌，尽量选择有不同定位的品牌，要根据它们的特点对品牌进行有效的整合。还要考虑淡旺季关系，保证淡旺季都有不同的经营重点。多品牌战略可以让你转移风险，增加和厂家谈判的筹码，也可以实现所经营产品的有效互补。

还有，经营的品牌一定要有重点，有的品牌能给你的经营树立形象，但不一定会有很高的利润。有的品牌没什么名气，但经营利润却可能比较可观。可以将形象品牌和利润品牌有机结合。

（3）清楚地认识厂家

认清楚你和厂家的关系，有利于进行灵活的决策。厂家和你的合作永远都是临时的，你们之间的关系就是利益关系。千万别让一些私人的义气因素来主导你的经营。

如果你经营不善，厂家可能会考虑撤换你；如果你经营得太好，厂家可能会收回经营权，改设分公司、办事处后把利润据为己有，很多品牌厂家的区域经理都在虎视眈眈想取代你成为该市场的办事处经理。

（4）实施公司化运作

很多代理商还停留在个体户批发商的阶段，一手收钱一手发货，不知道自己一个月利润具体多少、费用支出多少，不了解自己手中到底有多少货物，还是停留在夫妻店批发商的年代，这样的生意如何能做大？

要成为成功的代理商，就应该注册成立自己的贸易公司，设立市场、财务、仓库等各部门，进行科学的管理运作。你要学会用电脑来管理你的库存，你要学会建立客户管理系统，你的规范运作会为你吸引更多的客户，也能让你争取到更多的来自厂家的支持。

浙江有个代理商，成立了专门的销售公司，聘请职业经理人进行管理，营销部门有十来个员工，其一年某单一品牌的代理销售额就高达1000多万元，相当于其他地区七八个代理商的年营业额总和。理所当然他成为该品牌在全国的最大代理商，

模式的革命

也因此获得了厂家最大的支持，所以，几年来，他的业绩一直保持着稳定的增长。

(5) 牢牢控制自己的网络

销售网络是你赖以生存发展的武器，但厂家可能会对你的网络虎视眈眈。记住，一定要严格控制好自己的网络，提高他们的忠诚度，让你的网络永远随你走而不是随着厂家品牌走。例如，终端商的门头就很能说明问题，网络是不是你的，门头上表现得最清楚。一定要抓住机会，让门头不仅仅为你经营的品牌服务，适时地加上你的公司，或者你的连锁店多少号，你将累积不少属于自己的品牌资产。你的网络是你唯一赖以和厂家谈判的筹码，千万别掉以轻心。

你的网络除了经营你代理的品牌，是不是还在销售其他牌子的产品，甚至在销售你的主要对手的产品？你的经销商进货周期一般是多长？你的经销商愿意自行投入广告吗？作为代理商，你能轻易回答这些问题吗？请好好反思一下，你对你的现有网络控制力有多强？

(6) 保持一定的库存

拥有一定的库存不仅能让你更好地为经销商服务，还能对厂家构成一定的制约，厂家一般想撤换代理商的时候，也会投鼠忌器，担心你的库存会冲击市场，不敢轻易动手。

库存太多同样对你是风险，所以要学会保持良性库存，仓库里的，必须大部分是畅销品，及时把你的滞销品进行处理或者退回公司。这样，你才不至于没有退路。

充分发挥你的预测能力和前瞻性，在旺季来临之前抢先囤积一些畅销货物，这是经营成功的一门重要艺术。

（7）拥有自营专卖店或样板店

自营专卖店是形象窗口，也是自己了解市场进行市场调研的重要工具。成功的自营店可以为下属经销商树立经营典范，提供参考借鉴，也能有效地帮你清理滞销库存。

一个连自己的店都管不了的代理商，就不要寄希望去管理下属的加盟经销商了。一个连自营店都不能赢利的代理商，也不要指望下面的经销商能好到哪里去。如果你有能力把品牌进驻当地最有影响力的商场，那对经销商和消费者来说都非常有说服力，也会让你的上游厂家非常重视，大大增加你的成功指数。

（8）采用合适的方式适时宣传自己

厂家在你的区域投放的广告中，一定不要忘记附加宣传自己。高明的代理商往往愿意和厂家在区域合作中做广告，并及时地把自己的公司推出去，树立自己的形象。

例如，电视广告末尾打上你自己公司的电话，或者在报纸广告上留下你公司的地址，或者在厂家组织的一些招商会、新品发布会上留下自己的身影。这样，你会逐渐累积一笔丰富的品牌资产。

（9）灵活调整经营策略

市场瞬息万变，需要灵敏的嗅觉和处事的果断。经营策略必须紧跟厂家的动向，要密切关注厂商的政策制度以及市场的需求变化，及时作出策略上的调整。当你代理的品牌经营连续下滑的时候，就要及时投入别的品牌的怀抱，不要指望厂家翻身的那一天。

（10）适时推出自有品牌

做到一定的规模，你可以考虑推出自有品牌，当然，一开始你不需要去设立工厂，可以利用代理过程中建立起的关系，联系厂家进行贴牌生产，毕竟现在拥有生产能力的厂家有很多。时机成熟，你可以去投资建厂，业界类似这样的成功代理商已有一些，他们的经验你可以去参考。

如果有一天，当你被厂家抛弃，或者你抛弃了厂家的时候，你还有自己的牌子可以做，你能拥有自己的一份事业。当然，这属于有远大理想的代理商一类要考虑的，是代理商发展的最高境界，难度当然比较大。

联盟模式：与厂家共同创造事业

与上述情况相反，对于一些知名度不高的经销商来说，选择一些有潜力但产品知名度不高的厂家进行深度合作，倒是可以优先考虑的。

非知名厂家产品一般具有价格竞争力；对于经销商来说，提前介入新产品的市场培育，会产生丰厚的利润。与发展的品牌同步发展，是经销商成长的另一种选择方式。没有一个品牌是天生的，都是逐步长大的，今天这样的机会还有很多。

许多经销商在与厂家打交道时往往不知道怎样讨好厂家，给人的感觉就是一个弱势群体。即使经销商身家上千万、过亿元有时也得忍气吞声来自厂家的"欺压"。而许多经销商并没有弄明白其中的缘由，还在年年上演"苦情戏"，把自己搞得很受伤。

那么，经销商究竟怎样跟厂家打交道才能得到厂家的青睐，不至于让自己受伤呢？

1. 协助厂家做好市场规划

只有对自己的市场不了解，对厂家的产品不了解的经销商才会被厂家忽悠，盲目接产品，然后又莫名其妙被更换，成为厂家的开路先锋却并不能享受丰收后的果实。

经销商接产品时一定要先了解市场，看看厂家这个产品在自己所在市场的未来发展趋势，最好是带着厂家的这款产品走访一下自己关系好的二批商或生意伙伴，听听来自市场一线最真实的声音；也可以让一些同行的厂家驻地代表帮助自己参考，或者到邻近已经运作该款产品的经销商处去拜访、考察，总之，了解得越多越好。

真正做市场的厂家是很喜欢经销商这样做的，对市场负责就是对厂家负责，没有哪个厂家愿意自己的产品像流星，莫名其妙起来又莫名其妙消失。一旦了解清楚所接产品就要协助厂家拿出具体的市场开发规划，分阶段做，越详细越好。

厂家一般也有自己的市场开发规划，但他的这个规划是共性的，是针对全国市场或者重点市场做的，有时并不适合你所在市场的需要，如果你照搬执行，市场的起势可能就没有那么快，或者根本就不可能会起来。更何况你的规划与厂家有冲突时，把矛盾摆在前面就避免了以后合作过程中再来扯这些事，也更能得到厂家的理解，还树立了一个非常懂市场的经销商形象。

模式的革命

规划做得好就要实现规划中的预期目标。很多经销商在忽悠厂家投入时吹得天花乱坠，一旦厂家照其所说投入后却又没有让市场冒出半点水花，根本不是他事先所忽悠的描绘，这样的经销商就算市场最后被厂家强行运作起来了也难逃被更换的命运。

2. 与厂家高层保持定期沟通和汇报

许多经销商因为经常与驻地经理打交道，一年也难得见上一次厂家高层的面，也就忽视了与厂家高层打交道这个环节。如果你这个市场能够有非常多的亮点，也许会让高层更多地来拜访你、更多地关注你，但你前期的运作支持又怎么得到高层的重视呢？

全国市场那么大，真正非常有亮点的市场毕竟还是少数，所以，保持与厂家的高层定期沟通和汇报就显得很有必要。如何正确沟通呢？

（1）学会用电子邮件

把你对市场的看法、市场的现状形成文字发给厂家高层；如果市场上存在问题，就要拿出你自己解决这个问题的方式方法供高层参考，而不是问高层领导怎么解决问题。

（2）学会发信息

年节期间的祝贺信息要发，平时的市场信息更要发。

（3）偶尔打打电话

这种电话就不要提问题了，因为电话里面真正能够解决问题的非常少，你的电话就是经常邀请高层到自己的市场走走、看看。他来不来是他的事，你的邀请很重要，会让他觉得你很需要他，有一种被满足的感觉。同时，他真正有时间来你的市场时，你还怕你的一些问题得不到解决吗？

有些经销商认为与高层打交道就是要送礼、要送红包，这是非常错误的一种思想。如果你与高层形成了这种关系，实际上是给自己上了一道紧箍咒，是很不划算的，除非你想做短期经营，在这个厂家捞两笔就收手，否则你难保不掉入陷阱出不来。

因此，大力提倡的是一种健康的交往方式。

3. 力争成为厂家的年度重点市场和重点产品代理商

成为厂家的重点市场才会有机会成为当地品类经营的前三名，打牢自己的市场，赚取更多的利润，赢得厂家更多的市场支持。厂家的支持毕竟是有限的，以我国市场的"地大物博"，指望所有的市场都能够起效，无异于痴人说梦。那成为厂家的重点市场有哪些条件呢？

①你的市场容量够大，厂家的投入有足够的产出回报。

②你有专业的团队配合厂家的投入。只有投入而没有人去执行，这种投入很轻易就打了水漂，而依赖厂家临时组建团队来执行，因为磨合问题，市场的启动也就没有那么快。

③驻地经理是厂家认为能够担当重点市场操盘的理想人选。

④你的网络资源很好，有一个较好的平台。譬如，自己的直控酒店较多，自己的下线网络、支持自己的核心网络较多，能够一声召唤就愿意跟随自己走的，愿意帮助自己接货的分销客户较多等。

模式的革命

⑤你的信誉度很高。与其他的厂家合作时没有什么不愉快，现在的其他品类合作厂家给予你的评价较高等。

一旦有机会成为重点市场就要把握机会，给厂家以理想的回报，这样，接下来再度成为重点市场才有可能。年年都是厂家的重点市场，你就是想不赚钱都不行，这个时候你不赚钱就意味着厂家没有回报，也就不是两相情愿的事了。

而成为重点产品代理商主要是基于市场做大后厂家的分产品经销策略来说的。市场未做大前，厂家一般不会动这个心思；但市场一旦做大，基于市场风险和进一步整合市场优质经销资源的需要，厂家一般会拿出新的产品招募新的合作经销商。

这种事情，你不要去阻拦，更不要背后使绊去搅和这种事情，市场不是一个人可以独吞的，有人帮你一起来守这个市场，你要感谢人家才对。你要尽可能成为厂家在该市场的重点产品代理商，每年需要重点运作和投入的产品要想办法牢牢抓在手里，市场的大头在你这里，又有这么多经销商朋友帮助你一起运作这个市场，你还担心什么呢？

这个问题想得通的经销商才有机会做大，也才能够真正得到厂家的喜欢和支持。

4. 处理好与厂家驻地经理的合作关系

这个问题许多经销商都想得到，也是这么做的。但处理好与驻地经理的关系不是你请他吃两顿饭、送两条烟就能办好的。怎么办？

①帮助驻地经理每年完成厂家下达的任务是最重要的。没有哪

个驻地经理会在任务没完成时给经销商好脸色看的。

②多在厂家领导面前表扬驻地经理的勤奋、能干、会做市场。驻地经理在厂家领导心目中的地位越高,你得到的支持和好处就越多,你就是要帮助驻地经理在厂家面前美言几句。

③驻地经理的一些小费用主动帮助其承担。每个驻地经理都有一些难言之隐,有些费用可能自己开口说做了,结果到厂家领导那里时又不能报批,这个时候经销商就不要逼迫他,不妨主动帮助他承担,只要有机会,驻地经理就会还你这个人情。

④形成定期沟通机制,帮助驻地经理解决市场问题以及与自己公司的协调。

驻地经理一心一意帮助自己做市场,最终能够赚钱的还是自己,对方最多得到的就是一个发展,如加薪、晋级等,因此,双方的合作越好,对双方的益处就越多,而彼此之间的冲突就完全没有必要了。

但对于某些不做市场、贪得无厌的驻地经理,经销商也绝对不能姑息,要积极向厂家举报并搜集证据进行检举,除非你不想做这个产品了,否则就不要与自己的经销权和直接利益过不去。

5. 帮助厂家做好售后服务,配合厂家处理好各种关系

经销商如果认为服务只是厂家的事情,那问题就大了。做服务一是可以直接树立在消费者心目中良好的经销形象;二是可以增加回头客,带来直接的经济利益;三是帮助厂家解决一些实际问题,厂家对你的印象分大增,自己谋得利益的机会也大增。

优秀的经销商还有自己独立的售后服务部,尤其是家电行业。那种出了问题就往厂家身上推的经销商是最愚蠢的。

有一个经销商在一次职能部门抽检产品时被告知产品存在一点小问题,要按照要求罚款。经销商当时立即就把这个问题往厂家身上推,也没有出面去协调,结果等到厂家来出面处理时,被相关职能部门狮子大开口开罚单,虽然后面几经协调,厂家在这件事上还是处于被动,受到了一定的损失。

如果经销商当时主动一点,以自己的身份积极协调,就不可能让厂家受到很大的损失,因为职能部门对经销商的处罚和对厂家的处罚是截然不同的,这已经是一个"潜规则"。

过了段时间,厂家找了个理由把这个经销商给更换了,估计这个经销商到现在还没弄明白自己被更换的真正原因。

6. 理顺与厂家相关职能部门的关系

厂家的职能部门有很多,如广告部、策划部、市场督导部、财务部、计划部、物流部等,经销商如果不注意这些职能部门的协调,表面上看关系不大,实际上关系大得很。

随便说几点大家就明白了:

①财务部的协调不好,你那些可松可紧的费用也许就没有了。

②广告部的预算是有限的,他可以投放在你这个市场,也可以投放在别的市场,广告拉销的道理你不可能不明白吧?

③市场有了倒货,督导部说没空过来,就算过来了他说查不出

来是哪里的货。那你就去看着别人赚钱吧。

④物流部说车子紧张,汽油加不到,你急需的货被别的市场发走了;你不急需时,你的仓库又被塞得满满的。

⑤你报的计划被计划部告知货物没有了,因为他把你的计划调配给其他的经销商和市场了。

⑥策划部的方案里你需要分摊的费用总是多些,因为你的市场特别。

还有很多这样的例子。因此,理顺与厂家相关职能部门的关系就显得非常有必要了。如何才能做到这一点呢?

①抽时间拜访。去厂家办事时顺便到相关职能部门走动走动。

②配合驻地经理协调这些职能部门的关系。驻地经理知道这些职能部门的嗜好,不妨在不违背原则的前提下投其所好。

③职能部门来自己的市场公干时,再忙也要抽时间陪陪以显重视,最好一起吃顿饭,聚聚,顺便了解一些厂家其他市场的情况。因为从这些人嘴里讲出来的东西有时比驻地经理讲出来的还真实可靠。

④多协助这些职能部门做一些自己力所能及的事情。

7. 做厂家的独家代理

这里所说的独家代理不是说独家代理厂家的所有产品,事实上这样的厂家还是很少的,也是不现实的。这里所说的独家代理是指,自己经销的行业品类就只做这个厂家的,没有竞争厂家的产品。譬如,经销商经销的白酒就只有一个厂家的,也许这个厂家在这个市场上还有其他的经销商，但你经销的白酒就只有这个厂家的。这样做的好处就在于，能够集中精力把自己经销的品类做成所在市场前三名，在获得市场影响力、赚取足够利润的同时，也能够得到厂家更多的支持。

对这样的经销商厂家一般都会倾力支持，扶持经销商做大做强，因为厂家没有后顾之忧，不用担心资源被竞争品牌借用。当然，也有经销商是自身认识不清楚，认为多接产品就能够多得到资源，这种小聪明在正规厂家那里是不受用的。

8. 不贪污、截留厂家的市场费用

其实，真正靠贪污厂家费用做大的经销商实在是太少了。经销商要明白一个最基本的道理，你的市场如果没有费用也能够运作好，这样的好事可能就不会轮到你了，尤其是市场启动和发展阶段，贪污的费用越多，市场成功的可能性越小，市场不成功，你能得到的好处又有多少呢？弄清了这个道理，经销商不要贪污、截留费用就好理解了。

当然，随着市场的日趋成熟，大力度的促销往往对市场是一种伤害，这个时候经销商能够多争取一点费用支持，会做的经销商就会把多余的费用转化成自己的利润，同时也能够按照厂家要求完成期初的市场任务。

经销商与厂家打交道是一门深奥的学问，不同的阶段、时代，打交道的手段、方法也不一样，关键是经销商自身要具备良好的市场掌控能力和公关应对能力，这样在与厂家打交道时就能够游

第五章 模式革命，变革才有未来

刃有余。

跨界模式：在新兴产业寻找机会

根据经济发展的一般规律，一个行业的调整期大约为10年。20世纪80年代创业的一批经销商在赚取第一桶金后，很多人现在都已经改行。

最近两年来，我国葡萄酒市场逐渐完善，传统的名烟名酒、专卖店等一些传统渠道已经满足不了当下市场的需求，不少经销商开始创新，尝试着葡萄酒跨界经营、销售。

葡萄酒+美容会所

将葡萄酒跨界到美容会所、中高端服装店里去。有的经销商会在服装店设立一个葡萄酒专柜，并在该区域打包一个很小的休闲区。女士选择服装时，男士可以在这个区域坐下，并喝一杯免费的葡萄酒或咖啡、饮料。男性顾客在休息的时候，则会浏览桌上我们的杂志，不经意就开始了解葡萄酒，并接触他们的企业文化和产品了。

同样地，经销商也会利用客人在美容院坐下来的时间做相同的事情。而他们的团队则会通过营销技术的处理，让顾客开始逐渐对他们的葡萄酒感兴趣，并付钱购买，他们则通过电商渠道送货上门。

葡萄酒+银行

国丰尊礼则与大型国有银行合作，挑选一些银行的贵宾（VIP）客户，做一些落地活动。除此之外，国龙尊礼还会做一些电视购物，从而起到营销的作用。

由于银行之间也在相互争夺大客户，一些酒商便将葡萄酒直接卖给银行，让银行用这些酒去给大客户提供增值服务。

葡萄酒+地产业

葡萄酒与地产业的组合，则是由于许多豪华地产项目会打造葡萄酒概念，一些别墅甚至会推出带私人酒窖的房子。在这个时候，许多自有酒窖的酒商则会为业主提供管家式服务，例如，对酒窖进行维护，对酒的保质问题提供检测与咨询等。同时也可以利用这一机会向业主推销酒。

葡萄酒+汽车4S店

葡萄酒往汽车4S店的跨界，则主要承载展示和推广，可以联合举行一些活动达到促销目的。同时，酒商也会从4S店那里共享客户信息，毕竟，购买一些中高端汽车的客户与葡萄酒潜在客户也存在较高的重叠率。

跨界营销会在我国市场兴起，并被个别企业作为主要营销手段，其原因究竟在哪里？其主要原因是可以增加经销商的额外利润。毕竟，近两年市场的热度持续降低，单纯卖一种商品有可能无法支撑成本。

一方面，是市场份额被电商强势挤占；另一方面，互联网平台很多都是"$1+N$"的模式。例如，腾讯通过一个QQ（一个即时通信软件）软件延伸出许多业务，阿里巴巴通过支付宝延伸出阿里金融。而京东以前只是一家卖电器的，现在也什么都在卖。包括小米，基于智能手机也延伸出电商平台。而现在很多跨界营销与跨界经营，都是这种"1＋N"的模式。不仅可以满足客户的多元化需求、增加赢利点，还可向那些有意跨界入驻的企业收取入场费和陈列费。这些费用甚至可以抵消租金的成本。

企业之间的跨界营销主要体现为以下三种模式。

1. 水平跨界营销

所谓水平跨界营销，就是不同行业、不同品类之间，根据目标一致性，实现优势互补，创造竞争优势的营销手段。

这种水平跨界营销模式，越来越成为商业竞争中的常规武器，而且发挥出与众不同的作用力。它的形式多种多样，不同行业间的产品开发，不同行业间的推广传播，不同行业间的联合促销，不同行业间的渠道协同开发以及不同品类之间的产品延伸等。例如，TCL冰箱和农夫山泉饮料跨界渠道开发、跨界传播推广；家电与房产的跨界联合促销；酒水企业投资酒店开发商，冠名某某大酒店等。

跨界营销模式是一种战略营销联盟体，一种双赢或者多营的战略运作手段。水平跨界营销虽然对企业来说，是对迥然不同的事物的搭配或者延伸，但是由于水平跨界营销的核心是，跨界的事物必须拥有同等价值的力量与影响，共同创造出集合性的整体优势。

2. 纵向跨界营销

所谓纵向跨界营销，就是厂家与商家两个不同的个体连成一线，共同投入市场、共同建设渠道、共同服务消费者，实现利益共享，实现合力打天下，实现厂商之间的战略联盟。

这种纵向跨界营销在酒水行业特别流行，如经销商持股厂家、厂家与经销商联合成立营销公司、经销商买断品牌经营、经销商从厂家贴牌经营等，都是厂家与商家之间根据各自的经营优势，在市场上承担不同的角色，成就自己在市场上的地位。

泸州老窖2006年为了加强与经销商的关系，分别向分布在华北、华东和华南的大区域经销商增发股份。在2007年上半年，泸州老窖营业收入12.94亿，同比增长27.58%，如此辉煌的业绩，经销商应该功不可没。

纵向跨界营销的核心在于厂商合作的双方一定是建立在战略目标一致、思想理念一致、行为动作一致、资源匹配差异不大，双方才能在跨界营销的合作过程中，达成默契与双赢，否则很容易在合作的过程中产生分歧，造成合作的中途夭折。

3. 交叉跨界营销

所谓交叉跨界营销模式，就是企业、合作单位、消费者之间形成三位一体的联动式关系，企业、合作对象、消费者共同享受到各自所需的价值与利益。

玩转交叉跨界营销的高手当属可口可乐。可口可乐在体育营销、餐饮营销、游戏营销甚至音乐营销等方面的精湛表现，无不渗透着交叉营销的精粹。

例如，可口可乐与加拿大两大音乐公司 Mymusic（公司名称）与 MuchMusic（公司名称）的交叉跨界营销。Mymusic 是加拿大最大的在线音乐公司，而 MuchMusic 则拥有一支非常著名的乐队。在合作过程中，可口可乐专门生产一批容量600毫升的可口可乐、雪碧等，在产品标志下面，藏有价值5美元的代金券。整个活动中，代金券累计总金额达到1.35亿美元，前所未有。而这些代金券，消费者既可以用来购买加拿大 Mymusic 网站的任何激光唱片（CD），还有机会立即获得包括 MuchMusic 公司 Big Shiny Tunes（乐队名称）乐队在内的三场音乐之旅。

不过，交叉跨界营销的主要角色是消费者，而企业、合作对象只是规则的制定者、操作者，但在整个营销过程中三者却是融为一体的共赢者。

总之，基于企业基础上跨界营销必须坚持一个根本，就是一切的营销活动必须围绕着让企业做得更加强大，让营销做得更有效率，让价值的提升更上一台阶。

第六章
经销商转型路线图

公司化运作：从野蛮生长到理性运营

如今，经销商公司在市场发展中往往面临着五大难题，即"资金紧张""人才匮乏""利润下降""公司混乱""经营成本攀升"，这些问题不仅困扰着公司老板，而且也会在一定程度上影响消费者的消费满意程度。相对于此，经销商公司化运作则有三个显而易见的"好处"：经销商"个体芯"向"公司芯"的思维转变；经销商"个体挣钱"向"团体赚钱"的系统升级；经销商"粗放型经营"向"公司化运作"的模式颠覆。经销商公司化运作后，能在很大程度上提高公司的办事效率。

1. 公司化运作必要性

公司化运作对于很多经销商并不陌生，在近年也颇受经销商的重视，虽然如此，但真正理解这一概念的经销商并不多。很多经销商认为注册个公司就是公司化运作，事实上经销商的公司化运作并非如此简单。

那么什么是公司化运作呢？经销商的公司化运作就是要经销商转变观念，树立强烈的发展意识、竞争意识、管理意识、投资和风险意识、利润意识，按照有限责任公司的运作模式建立起完善的制度和理念先进的高效运作机制的组织。随着市场竞争程度的加大，公司化运作已成为经销商发展的必然趋势，这对经销商而言具有重要意义。

（1）有助于经销商更新观念

我国多数经销商往往是夫妻店和个体经营户，靠的是经销者个人单打独斗和辛苦地工作发展起来的，因此坐商思想、小富即安的小农意识比较严重。随着市场竞争的加剧，经销商已经不适应市场发展的需要，并已感到生存压力和困难，所以经销商要发展必须改变以前的做法，规范经营和管理。若按照公司化的运作，经销商就必须学会不断学习和提升自己，改变原来观念，向管理要效益，向市场要利润。

（2）有利于经销商竞争力的提高

个人和组织本身给合作者的印象是不一样的，个人力量毕竟是有限的，而组织力量是无限的，公司化运作就是组织行为，这无形中就提高了经销商的竞争力。

经销商进行公司化的运作，随着其管理水平的提高和实力的壮大，合作伙伴与其合作会更加紧密，对市场的控制能力也会增强，市场竞争力自然也会大大提高。

今天，市场已进入一个微利经营的时代，市场竞争越来越激烈，各行各业获利机会越来越少，经销商就必须做好这种心理准备，再靠那种粗犷的管理手段进行经营，是很难生存下去的，这就要求经销商必须进行规范化的运作来提高自己的经营管理能力、竞争能力和抗风险能力，去迎接挑战。

（3）有利于经销商提高利润、降低成本

为什么有些经销商销售额很高，但到头来还赔钱呢？其他方面暂且不说，就经销商财务管理而言是十分混乱的。多数经销商的财务管理缺少合理计划性、严谨性，资源流失十分严重。若采取公司化运作，财务管理规范，其经营成本降低了，风险减少了，效益自然就会提高。

2. 公司化运作六大关键

经销商如何进行公司化运作呢？要把握以下六个关键因素。

（1）转变经营理念

我们常说：思路决定出路。经销商在其经营的过程中往往比较迷信于自己的经验，这里所谓的经验恰恰又是经销商前进的障碍。由于经销商的思想比较落后保守，这种落后的思想必然导致落后的经营手段。

很多经销商往往缺少经营上的创新，要么厂家叫怎么干就怎么干，要么是看别人怎么干就怎么干，跟风模仿比较严重。面对未来，经销商必须改变这种落后的经营观念，积极地学习和吸取先进的经营理念，提高自己的思想水平和业务素质，若再以那些陈旧思想、落后的观念去经营的话，失败是在所难免的，因此，经销商要实现公司化经营首先要不断学习和创新，从改变自己的思想和观念开始。

由"你死我活"到多方共赢：厂商共赢、商商共赢、商顾双赢。在销售过程中，只讲自己的好，不讲同行的优缺点。

(2) 转变经营管理方式

由"亡羊补牢"到主动补牢：由"点"的管理转向"线"的管理体系，由"破碎"向系统转变，由"补丁管理"向系统架构转变，由"解决问题"向"预防问题"转变，学会自己制造危机。

经销商的公司化运作，不仅要求经销商改变思想，进行经营规划，还必须在内部组织和管理上下工夫，要苦练内功，狠抓管理，向管理要效益。因此，必须做好以下几个方面的工作：

①构建高效组织和管理。公司化运作的目的是提高经营效率，实现经营效益的最大化，而不是简单地注册个公司和形式的改变。所以，要构建和完善组织架构，加强对公司内部管理，要做到经营业务的流程化、规范化、制度化、量化等，这是提高运作效率的必要前提和基础。

②建立健全各项规章制度。经销商的公司化运作要按现代企业制度建立高效体制，提高公司的决策者、管理者和执行者的能力，加强组织成员、组织层次间的沟通，确保决策正确，执行到位等。同时，要建立人力资源管理、销售推广、财务、绩效考核、物流配送、仓储管理、终端管理、客户管理等各项制度，明确岗位职责，做到责权利和奖罚分明等。

③加强团队建设。由于传统经销商多数是夫妻店和家族式经营，所以在团队建设上比较落后，尤其在执行力方面。如果经销商进行公司化运作，就必须抛弃原有组织形式和经营模式，进行组织改革，加强团队建设，全面提高团队凝聚力和执行力，打造一支英勇善战的管理和销售团队。

④市场推广管理。在市场推广方面经销商必须改变过去随心所欲的做法，要根据市场形势和公司实际情况制订科学的市场操作计划，尤其是公司的年度、季度、月度计划甚至周计划，都应当详细制订，计划的制订要求目标明确，具有可执行性。同时，做好市场研究、产品开发、客户的开发与管理、终端网络建设和促销工作等。

⑤做好资金财务管理。加强资金财务管理是经销商必修的一堂课，很多经销商的财务管理十分混乱，在其日常财务管理中只是找个自己人记个流水账，不存在什么管理等，更不用说什么成本核算、财务分析等。很多经销商就根本不知自己每月销售是多少，库存是多少，也不知道应收账是多少，外面还欠多少等。财务管理缺少合理计划性、严谨性和科学性，资金流失十分严重。财务的规范管理是经销商公司化运作急需解决的问题。

（3）转变自己的领导方式

由"我主你仆"的传统方式到打造"事业共同体"。如何做一个受人欢迎的领导？

首先，要做一个情绪稳定者。不是事件引起情绪，而是你对事件的认知、评价导致情绪的产生。绝大多数的心理问题是认知问题。

其次，要转变不良情绪，要改变认知，沉住气，认真听，把事情往好的方面想。

（4）提升营销队伍的执行力

执行过程过于烦琐，缺乏将工作分解和汇总的好办法，没有人监管，也没有监管的好办法，培训中的浪费，缺乏形成凝聚力的企业文化,这些都会影响营销队伍的执行力。

(5) 建立正确的人才观

这是实现可持续性发展的根基。不同类型的员工有不同的激励技巧,如下表所示。

不同人才的激励技巧

人才类型	特 点	激励技巧
老虎型人才	喜欢命令别人去做,有主见	a. 支持他们的目标,赞扬他们的效率; b. 领导要有能力胜过他们,使他们服气; c. 帮助他们通融人际关系; d. 避免让效率低和优柔寡断的人与他们合作; e. 巧妙安排他们工作,使他们觉得自己能安排自己的工作
孔雀型人才	关注对象是人而不是目标,工作目标就是打通人际关系	a. 由于他们比较缺乏责任心,应承诺为他们负一定责任; b. 给他们机会充分和他人分享感受; c. 安排工作时强调工作重要性,指明不完成工作对他人的影响,他们会因此而努力拼搏
猫头鹰型人才	擅长思考,分析能力强,有自己的想法	a. 肯定他们的思考能力,对他们的分析表示感兴趣; b. 避免直接批评,给思路让他们自己发现错误; c. 诚意比运用沟通技巧更为重要,他们会立即感受到你有几分诚意
考拉型人才	喜欢埋头苦干,做事谨慎细致,擅长处理程序性的工作	a. 支持他们的工作; b. 给他们相当的报酬,奖励他们的勤勉; c. 永远重视物质奖励,拉开档次,员工薪酬高于或相当于同行业平均水平; d. 对合理化建议和技术革新提供报酬

(6) 做好规划，长线经营

很多经销商在经营过程中根本不在乎什么规划不规划的，都是在凭借自己的经验进行运作，或者跟风模仿，经营粗犷。随着市场竞争的日益加剧，经销商如果再凭着过去那种用"打狼的方法去打老虎"的方法是难以适应市场发展需要的，甚至会被"老虎"所吃掉。

因此，经销商要想在今后成就一番事业，就必须不断地提高自己的经营与管理水平，改变以往那种重战术轻战略的做法。

经销商进行公司化经营首先要进行经营规划，尤其是战略规划。经销商制定战略的目的在于建立经销商在市场中的发展和地位，因此，战略制定的是否正确直接关系着公司的发展和命运，这也是经销商实行公司化运作的一项重要工作。

强化终端：经销商的核心是客户

经济危机来了，厂家的日子不好过，经销商的日子也很难捱。新的竞争形势下，不仅意味着洗牌加速，而且还意味着对经销商的一次生死考验。那么，经销商如何才能在这不仅"胜者为王"，而且还是"剩者为王"的压力下，顺利过冬并有所发展呢？

市场萧条形势下，客户资源将是更加激烈的争夺对象，要想制胜对手，赢得新一轮的胜利，作为经销商，必须在厂家的指导下，甚至是自己自动、自发、自觉地做好客户关系管理。

1. 做好客户关系管理

什么是客户关系管理呢？客户关系管理是企业的一项商业策略，有效地组织企业资源，培养以客户为中心的经营行为以及实施以客户为中心的业务流程，以提高企业的获利能力、收入以及客户满意度。那么，经销商如何才能更好地做好客户关系管理呢？

（1）树立大客户的概念

对于经销商来讲，客户同样分为外部客户与内部客户两类。所谓外部客户，主要是指下游客户、消费者，而内部客户则是指企业的员工。企业的员工是不是客户呢？答案是肯定的。

作为经销商必须要树立大客户的概念，不仅要善待下游客户，而且还要善待员工，要把员工当成自己的"第一客户"。经销商只有善待员工，员工才能为下游客户提供更好、更满意的服务，客户满意度高了，才能忠诚于经销商，经销商才能源源不断地获利，从而获得更大的发展。如何善待员工呢？

①在经济寒冬里，不要轻易裁员。经销商在市场不景气的情况下，通过给员工提供工作机会，更能打动、感动员工，从而让他们兢兢业业，更好地做好本职工作。

②不要随意减薪。经济状况好时，也许没有什么，经济状况不理想时，更不能随意减薪，不减薪是对员工价值的一种尊重，是能够一起走过冬天，迎来春天的保障。

③不断地提升员工技能。经销商要通过传帮带，做教练，手把手教的方式，提供一些外部学习的机会等，提升员工操作技能，提

升企业竞争力。

④持续改善。经销商要通过持续改善的方式，筑巢引凤，吸引优秀人才加盟，从而更好地为下游渠道做好服务。

(2) 建立翔实的客户档案

经销商要建立的客户档案分为两类：一类是下游分销商的档案，这类档案一定是要完整建立的，这是做好市场的基础。另一类是终端客户的档案。现在是终端为王的年代，谁能掌控终端，谁就掌握了市场的主动权、话语权。因此，要从细节入手，做好终端的建档工作。如何做呢？

> 设计完整有效的档案表。一份完整的客户档案表应该具有以下内容：第一，客户所在的销售区域、所属省份、市县；第二，市场状况：市场规模，包括城市/集市规模，销售的品种、规格、售价；第三，客户情况：名称、地址、电话、传真、负责人、负责人电话及手机号码、联系人电话及手机号码、客户主要经销产品品牌、规格、销量、有无内外广告；第四，经销商的人财物情况，包括人员、车辆、场地、仓库、资金等；第五，客户个人情况，包括爱好、个性、家庭、出身、文化、背景、生日等。

很多经销商往往从第一项到第四项都能够做得很好，但第五项最重要，尤其是在经济萧条的情况下。通过建立客户档案，才可以了解和洞察客户，才能发现和把握客户需求。只有如此，经销商才能有的放矢，才能抓住客户的心，才能形成渠道联盟体，共同把市场做强做大。

(3) 对下游客户进行细分

建立客户档案的一个最重要的目的，就是根据销量及赢利、增长状况，对下游客户进行分类管理。经济学当中，有一个"二八法则"，对于经销商下游客户的分类管理同样适用。

20%的大客户，创造了80%的市场销量，其余80%的客户仅仅创造了20%左右的销量，为此，经销商对于下游客户的管理必须分清主次。具体做法是：根据累积销量，把创造80%销量的大致20%的客户定为A类客户；80%~95%销量的客户定为B类客户；剩余的就是C类客户。

需要注意的是，这三类客户是可以互相转化的，作为经销商，要通过协助下游客户深度分销、协销的方式，通过终端陈列、促销等，有计划地促使B类客户向A类客户转化，C类客户向B类客户转化；同时，要稳固A类客户，提升B、C类客户，不断地渗透市场，扩大市场覆盖率、占有率。

(4) 采用不同的方式管理

不同的客户对于经销商企业来说，其贡献度是不同的，对此，经销商绝不可以在资源分配上实行"平均主义""吃大锅饭"，要根据客户分类，实施侧重点不同的管理。具体做法是：

①A类客户。是经销商能够生存和立足的根本，对这类客户，必须聚焦资源，重点关注，可以通过适当扩大销售区域，给予顾问式销售，甚至可以鼓励个别品类垄断等，给予特别关照。

在资源的使用方向上，要将对其支持的促销费用等，下沉到终端及消费者，千万不可给予返利等，让其收入囊中，作为利润。

对A类客户，要多给予智力支持、管理支持，少给予物质支持。但为了整个市场的利益，对这类大客户要严格控制其销售范围、对价格秩序严格要求，严禁窜货、倒货或者低价销售。

②B、C类客户。要根据其往年、历史同期、每月销售增长情况等，进行横向以及纵向比较，对于忠诚度高、良性递增的有效客户，要予以分销支持、促销拉动支持等。

例如，对于有潜力的乡镇大二批商，经销商可以派驻业务员，协助其深入到农村进行分销；对于客流量大、有辐射力、有影响力的各类终端商超，可以给予陈列生动化、买赠、抽奖等拉动支持。

对于B、C类终端，除了给予智力支持外，还要尽可能地给予物质支持，因为终端是顾客争夺的"最后一公里"，必须把好钢用在刀刃上。

（5）标准化、制度化可复制

经销商要想做好客户关系管理，最核心的一条就是要标准化、制度化，同时可复制。所谓标准化、制度化，也就是客户关系管理的内容能够量化和细化的，一定要量化和细化，只有如此，才能更好地执行与考核，从而持续改善。例如，物流配送要通过相关管理及考核规定，要求在限定时间内完成；客户人员要在规定的时间内，对于下游客户的异议给予明确答复和处理等。

世界500强第一名沃尔玛公司"三米微笑"原则，要求员工通过目测，距离客户三米就要微笑，微笑时要露出八颗牙齿

等，就是标准化、制度化的事务，因此作为提升企业形象的窗口。

经销商可以将以上标准化、制度化的内容通过做成手册的形式，做到可复制。因为只有可复制的东西才可以传承，才能持久。

2. 如何应对难缠和冷淡的客户

（1）站在客户的立场思考

很多经销商经常在销售过程中只是一味地自己讲解产品，却忘记了站在客户的立场考虑，于是成交的概率无形中便减少了。经销商必须与客户建立良好的关系，由"本位的销售观"转向"客户的消费观"，才容易得到客户的认同。

想得到客户的信赖，首要条件就是必须传递出自己的关心和爱，而不是把客户当"摇钱树"来对待。在这个世界上，任何人都不会拒绝关怀与爱，经销商要以对"好友"的方式去对待客户，让客户真正感受到你的心中有他，让其相信你推荐的的确是好产品，而不是强迫他购买不需要的产品。

经销商在与客户约见或交流之前，应该先静下心来告诉自己："我能让人印象深刻的原因在于，我关心客户真正的需求远胜于关心我的佣金。"

（2）帮助客户排除恐惧

如果对一件事物恐惧就会自然地产生排斥、冷淡的情绪。统计显示，客户对经销商的第一印象往往决定在初次见面的 90 秒内，如何在 90 秒内排除客户的恐惧和排斥，在推销的过程中显得尤其重要。排除恐惧要讲求方法，关键在于"用心度"，经销商必须针对客户恐惧的程度，给予用心的帮助。

经销商在沟通时要有意识地详细讲解产品能给予购买者的好处，通过有的放矢的引导，让客户的恐惧心理得到自然化解。

（3）告知客户其利益点

聪明的经销商愿意花较多的时间去把握，并告知客户其利益点。

①耐心地讲解产品的优势。让客户逐渐肯定产品，引起兴趣，而不再抱有冷淡的情绪。如价格，如果一位经销商所销售的产品比市场同类产品便宜时，千万不要直白地对客户说"便宜"，这无形中会让客户对你所销售的产品产生"廉价""没有价值"的感觉，没人想买"没有价值"的产品。可以说，"同样的品质，你付的费用低些"。但在讲解产品时，要注意不能夸大产品的效果和价值，不能为一时讨好客户而操之过急。

②告之客户购买后的服务保障。经销商在推销中切莫忘记强调良好的购买服务保障，给客户吃颗"定心丸"。客户有了服务保障，才会增加购买的信心。在推销的过程中，让客户看到产品背后的服务保障，也就等于让对方看到了希望，看到了爱心，如果是这样，客户又怎会在沉默中冷淡你。

（4）制造愉快的洽谈氛围

现代社会，多数人已习惯于对周遭事物冷漠以对，如果经销商也是这样，很有可能就会在与客户的交往过程中相处不融洽，也会因此丧失不少客户。

模式的革命

经销商要善于制造更多机会，创造更多话题，才可以使气氛融洽。要营造一个轻松、愉快的洽谈氛围，首先经销商自身不能紧张、胆怯，要保持亲切的笑容，交谈的语气要平稳，不要吝啬诚心的赞美和微笑，这些都是制造愉快洽谈氛围的好方法。也许产品在当时没能得到客户的肯定，但客户对你的态度一定会因此有所转变，经销商得到了客户认同就已经销售了比产品还有价值的"产品"。

在冷淡的场合中，所有成功的经销商都能把"无趣的情景"转化成"有趣的状况"，永远有一份旺盛的精力与活力，自始至终都热忱感人。

3. 正确对待客户投诉

工作中，经销商最不愿遇到的就是被客户投诉。尤其是面对一些理由不充分、反反复复，甚至是不正当的投诉，不免会有抵触情绪。其实，如果能够真诚地对待客户，妥善地处理好客户投诉，就一定能够拉近与客户的距离，也就更利于工作的开展。因此，对待客户投诉的原则和技巧也是非常重要的。以下为对待客户投诉的原则和技巧。

（1）鼓励客户投诉

当顾客对企业的产品或服务感到不满意时，通常会有两种表现：一是显性不满，即顾客直接将不满表达出来，告诉销售企业；二是隐性不满，即顾客不说，但从此以后可能再也不来消费了，无形之中使我们失去了一个顾客，甚至是一个顾客群。对显性不满我们往往注重处理，对隐性不满我们却疏于防范。据调查显示，隐性不满往往占到顾客不满意的70%。

不同客户对不同公司总有不同的价值取向，正确判断客户投诉中所包含的价值取向，有助于更有效率地响应客户，最大限度地满足客户需求，从而提升客户忠诚度和美誉度。

客户的价值取向对经销商而言总是积极的，客户投诉是最好的产品情报，经销商不仅没有理由逃避，而且应该怀抱感激之情欣然处理。尤其是对隐性不满多加注意。

（2）妥善化解矛盾

如果对客户投诉处理不当，会引致不满和纠纷。因此，处理客户投诉，不仅是找出症结所在，弥补客户需要而已，同时必须努力恢复客户的信赖。

（3）掌握处理投诉的技巧

客户的投诉，有时是正确的，有时是错误的；有的问题属于厂家的，也有的问题属于商家；有的属于客户自己使用不当，也有真正的产品缺陷。如何区分和处理呢？

①认真倾听。把80%的时间留给客户，允许他们尽情发泄，千万不要打断。设身处地想一想，如果经销商自己遇到同样的质量问题会如何恼怒！这样，经销商就能够容纳委屈。

客户无论对错，他们疾风暴雨地发泄后，会冷静地等待经销商的处理。倾听时不可有防范心理，不要认为顾客吹毛求疵，鸡蛋里挑骨头。

②冷静分析。聆听客户的抱怨后，必须冷静地分析事情发生的原因与重点。顾客在开始陈述其不满时，往往都是满腔怒火，经销

商应在倾听过程中不断地表达歉意，同时允诺事情将在最短时间内解决，从而使顾客逐渐平静下来，怒火平息。

③控制局面。有许多顾客往往因自己的不良动机而故意夸大自己的不满意，以求"同情"，实现自己的"目的"。这时，经销商就要在倾听过程中准确判断顾客的"真正"不满之处，有针对性地进行处理，从而防止节外生枝，事态扩大。经验不丰富的经销商往往似懂非懂地贸然断定，甚至说些不必要的话而使事情更加严重。

④找出解决方案。首先应该确认自己理解的事实是否与对方所说的一致，并站在对方的立场上替顾客考虑。每个人有每个人的价值观和审美观，很可能对顾客来讲非常重要的事情，而经销商却感到无所谓。因此，在倾听过程中销售企业的认识与对方所述可能会有偏差。

这时，一定要站在顾客的立场上替顾客考虑，同时将听到的内容简单地复述一遍，以确认自己能够把握顾客的真实想法。

⑤积极化解不满。当然在他理解前应尽可能加以说明和说服。为了恢复经销商的信用与名誉，除了赔偿客户精神上以及物质上的损害之外，更要加强对客户的后续服务，使客户恢复原有的信心。要诚恳地向客户道歉，并且找出令客户满意的解决方法。解决方案应马上让客户知道。

⑥采取适当的应急措施。在什么时候处理顾客的不满意才能收到最佳效果呢？处理过快，顾客正在生气，难以进行良好沟通；过慢，事态扩大，造成顾客流失。因此，要根据顾客的具体情况选择合适的处理时机。如果的确是因为自己服务不周，造成客户投诉，

为了不使同样的错误再度发生，应当断然地采取应变的措施。

客户同意解决方式后应尽快处理。处理得太慢时，不仅没效果，有时还会使问题恶化。

⑦检讨结果。为了避免同样的事情再度发生，经销商必须分析原因、检讨处理结果，吸取教训，使未来同性质的客户投诉减至最少。

有关研究报告显示，一次负面的事件，需要十二次正面的事件才能弥补。因此，经销商绝不能小看其销售及服务功能上的不足和欠缺。否则，不仅仅是影响销售量和修理量的问题，更会影响到客户对销售企业的信任问题，关系到今后是否能够拥有长期固定的客户大问题。

即使是因客户本身错误而发生的不满，在开始时一定要向客户道歉，就算自己有理由也不可立即反驳，否则只会增添更多的麻烦。

垄断品类：垄断更多的品类，消灭竞争对手

以前，拥有更多的品种，如今要拥有更多的品类。垄断品类意味着消灭竞争对手！当经销商将一个品类的主要产品抓在手里时，同品类的其他产品就会迅速向你集中。如果你垄断了除草剂的主要品牌，除草剂厂家到市场后就会问：你们县谁做除草剂最好？

综观终端市场，凡是单店面积在 5000 平方米以上的卖场，手里

模式的革命

无不握着几个甚至几十个品牌。这种现象，在终端市场可谓蔚为大观。

如何在终端形成强势卖场品牌？当无数个品类的一线品牌都在同一个经销商手里的时候，所有的品牌资源、渠道资源甚至消费者资源，都很自然被他垄断了。这样的生意如果做不大，那简直不可能。由此不难看出，品牌垄断格局决定市场格局。至少相当长一段时间，将是这样的状况。现阶段，销售额巨大的卖场都是品牌垄断的佼佼者。

那么，这种格局是否促进了市场的发展呢？我们应该这样来分析这种格局对行业发展的利弊：发展初期，当市场根本不注重品牌的时候，超级终端的出现实际上是品牌树立的先驱者。他们为市场的分化、品牌的确立立下了汗马功劳。在这个过程中，他们不但树立和托举了品牌，而且也树立了自己的卖场品牌。

当他们形成品牌垄断时，一方面极大地维护了自身的利益，迅速成为超级经销商；另一方面也给品牌厂家带来了巨大的效益。但当他们形成品牌垄断年深日久之后，促进行业发展的脚步就会慢慢放缓，甚至阻滞品牌的发展。

那么，品牌是否甘愿被经销商这样垄断呢？初期，他们是非常主动和渴望与超级经销商合作的，但是否合作的话语权在经销商手中；中期，随着企业的逐步壮大和发展需求，品牌厂家的话语权增强，双方的磨合难度增大，就会出现各种不愉快、摩擦；后期，当利益博弈发展到一定程度时，破裂和分道扬镳就不可避免地产生了。这个时候，无论对品牌还是经销商都是一种伤害。但无论是品牌厂家还是超级经销商都要习惯这种博弈。

因此，品牌集群的垄断是否与超级经销商的发展相一致的关键取决于以下因素。

1. 在当地的影响力和市场份额是否足够大

当影响力和市场份额都足够大时，超级经销商在品牌垄断中的话语权就非常大，商家也不会轻易放弃这个肥缺。因此，超级经销商都努力把市场份额做大，甚至不断开连锁店或分店，以强化自己的品牌垄断力度。

2. 品牌是否在成长期

成长期的品牌对超级经销商的依赖程度较高，成熟期的品牌对超级经销商的依赖度降低，有时甚至千方百计寻找借口摆脱超级经销商对品牌的控制。因此，超级经销商在把品牌厂家培育到一定程度的时候，总难免遭遇分道扬镳的结局，不得不去发现或培育新的有潜力的品牌。

3. 品牌对市场的发展思路和市场预期是否与经销商一致

当双方思路和预期一致时，合作就比较顺畅；不一致时，则合作受阻。

当然，只要超级经销商的市场版图不缩小或还在持续增大的情况下，总有与之相匹配的品牌群与他合作。因此，超级经销商对品牌的垄断程度根本上取决于自身的实力和发展格局。

产品协同：明星产品带动普通产品

以前，产品之间相互独立；如今，产品之间相互协同，可以先推出几种明星产品，然后用明星产品带动普通产品——一人得道，鸡犬升天！

众所周知，无论是电影明星还是歌星、笑星，他们成为明星的渠道大概有三种：一是靠自己不断的努力和拼搏；二是靠机遇，如某个好剧本、好歌曲使其一夜成名；三是找个好导演和好经纪人等。演员如此，产品也是如此！

要想成为明星产品，经销商不仅要给产品准确的定位和包装，而且产品的渠道选择也极其重要，它是产品能否成为"明星"的主要因素之一，不容忽视。那么，明星产品的渠道开发与选择应遵循哪些原则，采用什么策略进行呢？下面我们就从实战的角度谈谈几点看法。

1. 明星产品渠道开发与选择原则

产品在成为明星产品之前，在渠道开发与选择时一定要有全局眼光和长远眼光，不能只顾眼前，卖货收钱，一般要坚持以下三大原则。

（1）双赢原则

从理论上双赢是很容易达到的，但实际工作中双赢是很难实现的，因为企业和经销商永远是一对以利益博弈为前提的合作体，经销商往往受利益驱动，而变幻莫测很难掌控。因此，对经销商而言，选择企业的时候一定要充分了解对方合作动机和意愿。一定要在操作思维和认识上保持一致，从而建立一种共赢合作基础，只有这样才能更好地保证产品推广和市场壮大。

（2）突出产品推广优势原则

一个产品成为"明星"产品，其中经销商功不可没，因此，经销商在选择企业时，一定要考虑其商品推广能力，能否弥补经销商在此方面的不足。这一原则是十分重要的。

（3）进入目标市场原则

经销商在进行渠道选择与开发时，一定要坚持进入目标市场原则，这是产品成为明星的基础。目标市场定位准确，产品被接受的程度越高，市场成长也就比较顺利；反之，产品被接受的程度越低，市场成长也就越慢，那么成为明星产品就更难。

2. 明星产品渠道开发与选择策略

对于企业的选择，其实受很多因素的影响，选择的好与坏又直接影响产品推广与成长。因此，在选择企业的过程中，经销商一定要考虑到自身的因素，尤其是在成长中的明星产品，企业的选择难度相对来说就大一点。

在选择企业时同样也要讲究一定的策略，下面就介绍几种策略供参考。

（1）分两步走策略

这种策略比较适合在成长中的明星产品，具有一定的灵活性。比如，经销商在进入新市场选择经销商时开始选择的标准可以低一点，数目可以多一点，目的是为了战术的需要，尽快地占有市场资源，这时的经销商称为战术经销商。

等时机成熟了，产品在市场上逐步打开了局面，而企业又不能满足市场和经销商的需要时逐步淘汰，再甄选出一些合作意愿强、综合实力强的企业合作，建立起全面的战略合作。

（2）比附策略

所谓比附策略就是，经销商选择经销的产品与自己的产品同类和相近的企业，进行借势营销，比附的对象一般是市场的明星产品或者是知名品牌。

在市场中，比附策略运用的比较多，如百事可乐与可口可乐，当年百事可乐提出了"有可口可乐的地方就有百事可乐"的比附策略。再如浏阳河和金六福，金六福市场开发哪里，浏阳河也会在哪里出现，而且经销商的选择上也比较相同或接近。

这种策略具有以下几点优势：

①可以借势营销能迅速占领市场。试想，如果你的产品和市场上畅销产品比较接近，生产这个畅销产品的企业与你合作，而且把你的产品视为重点推广，那么你的产品就可能很快地畅销。

②借势扬名。在生活中，某电影由"××与××"联袂主演，往往比较吸引人，其中一个往往名气较低，其实这个人就是借名扬名，产品也是这样。

③能节约管理成本。

经销市场上领先品牌经销商的市场操盘经验往往也比较丰

富,甚至有成熟的市场运作模式,如金剑南当初在选择经销商时,就是以经销名酒的经销商作为重点。如果选择这样的经销商,就可大大地节约企业的管理成本。

比附策略优点虽然很多,关键是企业如何运用这一策略,运作得当则如虎添翼,反之,就是作茧自缚。

(3) 逆向的拉动策略

所谓逆向拉动又称之为"倒着做市场",就是和常规选择经销商相反的做法。常规选择经销商往往是总代理到二级代理、三级到终端和消费者。而逆向拉动则是从终端做起,先建立起终端销售网络,从而选择经销商。

当然,这种做法也有缺点:需要的时间长,风险大。其优点是,经销商可以主动甄选企业,而且对企业的将来掌控能力较强。

(4) 边际策略

所谓边际策略是指,在进行企业开发的时候不是将同行业的企业作为重点,而是将非行业内的企业作为主要的招商对象。利用这种策略往往要做一定招商广告,来吸引非行业内人士。

这种策略的优点是比较好管理,比较配合。缺点是没有市场运作经验,管理成本相对比较高。这种策略在近年随着市场竞争的加剧广泛受到重视。

当然,渠道的开发与选择的方法很多,我们在这里只介绍上面四点,以飨读者,希望能起到抛砖引玉的作用。总之,无论是明星产品还是名牌产品,在其成功的过程中,渠道都起着举足轻重的作用。因此，经销商在进行产品推广时，一定要重视渠道的开发与选择，因为，有的时候选择比努力更重要！

从推销到拉销：主动营销，建立红色根据地

要得到具体的促销效果，就必须根据促销目标与任务、产品类型与性质、市场范围与规模、消费者素质与购买阶段等因素对广告、产品、营业推广、公关宣传等各种促销方式进行综合运用、有机组合。

影响组合促销因素的多样性、复杂性和促销方式多重、多变的特点，会直接导致组合促销的模式多种多样。但最重要、最普遍运用的是广告、人员推销组合，销售促进、广告组合，广告、销售促进和人员促销组合，广告、销售促进、人员促销和公关宣传组合，拉式组合、推式组合等几种。

在促销实践中，由于各促销方式的排序不同、重要程度不同，因而就形成了两种具体的组合促销策略：推式组合、拉式组合。

1. 推拉策略

（1）推动策略的定义

推动策略亦称高压策略，其强调的重点是分销渠道上各环节人员的推销活动，重点在于人员促销与贸易促销。

销售人员介绍产品的各种特性与利益，促成潜在客户的购买决策。按照这种方式，产品顺着分销渠道，逐层向前推进。"推动"策略常用于销售过程中需要人员推销的工业品与消费品。

(2)具备的条件

为了有效地使用推动策略,经销商必须具备以下三个条件:

①拥有高品质水准的单一产品,并具有推销卖点。为了促成销售,销售人员必须能够吸引、掌握潜在顾客的注意力和兴趣。

②拥有相对高价位的产品。因为中间商必须获得足够大的毛利,才能负担推销活动所需的费用,而且销售人员拜访客户也是很大的一笔开销,所以采取"推动"策略的产品,必须能够负担所支出的费用。

③对中间商及其销售人员,必须拥有足够引起其兴趣的经济鼓励。先进货再转销给他人的中间商,通常都希望产品利润高于一般水准。大多数批发商和零售商的销售人员,所推销的产品线一般都相当广泛,若要求它们特别关注某一特定企业的产品,当然需要给他们某些额外的奖励。

(3)适合情形

一般来讲,在下列情况下,应采用推动策略:经销商规模小或无足够的资金推行完善的广告促销,市场比较集中,渠道短,销售力强,产品单位价值高,经销商与消费者关系亟待改善,产品性能及使用方法需做示范,需要经常维修等。

经销商拥有较雄厚的推销人员队伍,或者产品的声誉较高,主要以中间商为主要促销对象,要求推销针对不同的商品、不同的客户,采用不同的方式和方法。

(4)常用方法

推动策略常用方法有以下几种:

①推销人员带样品盒说明书走访顾客。推销员在掌握市场信息后，积极寻找顾客，与顾客建立良好关系，用产品去吸引顾客的注意力，提高顾客的购买兴趣。

②建立健全产品的销售网点。推销网点应建在顾客集中的城镇，对质高价高的工艺品、金银首饰可建立专门性的销售网点；价格高、使用时间长的耐用品，如电冰箱、电视机、高档家具可在城市闹市区，选择性建立销售网点；与人们息息相关的方便性产品，可建立密集型的销售网点。

③利用售前、售中、售后服务，促使增加销售。现代销售离不开高质量的服务，它是推动策略的重要组成部分。售前服务主要是为顾客宣传介绍产品、传递产品信息，刺激购买；售中服务主要是帮助顾客选购产品，帮助他们解决购买中的困难；售后服务主要是帮助顾客解决购买后的送货、使用培训、退款和维修等服务。举办产品宣传讲座和实务推销。

2. 拉引策略

（1）拉引的定义

拉引策略也称吸引策略，一般是通过使用密集型的广告宣传、销售促进等活动，引起消费者的购买欲望，激发消费者的购买动机，进而增加中间商的压力，促使零售商向批发商、批发商向制造商进货，最终满足消费者的需要，达到促进销售的目的。同时，也可以直接对渠道成员采用广告宣传、销售促进、公关宣传等方式，拉动下游中间商对其上游的进货需求。

依照这种方式,产品在分销渠道上,因为受到广告等促销活动的影响而产生需求吸引。一般而言,中间商都很乐意购进这种产品,因为已经建立好需求,无须花费太多的时间或努力即可把产品销售出去。

(2) 使用情形

在下列情况下,应采用拉引策略:产品市场上的便利品,产品差异化不大,企业拥有充分的资金,有力量支持广告促销等,企业产品的销售对象比较广泛,或是新产品初次上市,需要扩大知名度。

(3) "拉引"方法

拉引策略主要有以下几种方法:

①进行广告宣传。

②实行代销、试销。代销和试销具有试验的性质,因为新产品初次投入市场时,销售情况难以预料,流通部门不愿大批量进购。同时,这种方式可以消除他们的疑虑,使其建立对企业产品的信心。

③利用创名牌、树信誉,增强用户的信任感。在产品销售中,顾客最关心的是产品质量、使用效果和使用期限。有了名牌产品、高质量的服务自然对顾客具有吸引能力。

④召开产品展销会、订货会。

3. 推拉策略结合

推动策略和拉引策略都包含了经销商与消费者双方的能动作用,但推动策略的重心在于推动,着重强调了经销商的能动性,表明消费需求是可以通过经销商的积极促销而被激发和创造的。

拉引策略的重心在于拉引，着重强调了消费者的能动性，表明消费需求是决定生产的基本因素，经销商的促销活动必须符合消费需求，符合购买指向，才能取得事半功倍的效果。

大多数消费品经销商在销售其产品时，都采用推拉策略，或称混合策略，但由于企业处在不同的发展阶段，其经营目标不同，因而推力和拉力所占的比例也不同。

经销商在制定其促销组合战略，运用推拉策略时，需要考虑很多因素，下面主要来分析六大因素。

（1）经销商的类型

经销商的类型不同，所采取的促销组合策略也不同，比如，小型的工业品经销商以推动策略为主，这是由于其实力不足以承担庞大的广告宣传费用，并且其顾客群体范围较为狭窄，采用人员促销是比较适合的；直销经销商要以拉引策略为主，它们以消费者为目标，跨过中间商，进行产品营销；规模较大、实力较强的经销商，则可以采用推拉策略结合，一方面利用大众传媒广告来进行拉引，另一方面利用庞大的销售队伍和销售促进通过销售渠道来进行推动。

从近几年的发展趋势来看，拉引策略起着越来越重要的作用。

（2）经销商营销目标

由于市场环境、资源条件及经营管理方面的差异，使得每个经销商的经营战略和策略各不相同，因而所选择的促销策略也不同。

当经销商把保持较高的销售量和相对市场占有率作为其战略目

标时，由于强调市场目标，促销策略多以拉引策略为主，选择低价渗透；当经销商把获取较高的利润和利润率作为其发展战略时，由于强调利润目标，促销策略多以推动策略为主，以高价求利，为企业带来厚利空间。

（3）产品的各类因素

促销组合的设计必须考虑产品的特性、企业产品的组合以及产品的生命周期，依据产品因素的不同来设计不同的促销策略。

在产品生命周期的不同阶段，所采用推力与拉力的比例有所不同。

①导入期——需要提高产品的知名度，广告和公关宣传具有很高的成本效应，随后是人员促销，取得分销覆盖面和销售促进，以推动产品使用；

②成长期——由于消费者的相互转告，需求保持增长势头，广告、公关宣传依然为主要的促销方式，但销售促进的重要性加强，适时的营业推广可以起到较好的促销作用；

③成熟期——销售促进成为有效的促销手段，提示性的广告仍具有较好的效果；

④衰退期——销售促进保持较强的势头，广告和公关宣传的成本效应下降，销售人员只需给产品最低限度的关注即可。

（4）行业竞争状况

在竞争日趋激烈的行业，主要以"拉引"策略为主。因为产品的同质性加强，消费者对产品已有较高的认知度，此时消费者更关注产品的性价比和品牌知名度。通过广告和公关宣传使企业的产品在纷繁复杂的商品中脱颖而出，吸引消费者目光，提高产品知名度。通过适当的销售促进可以有效地增加销量，锁定消费者。

在竞争激烈程度较小的行业，通常具有一定的技术或资金或政府壁垒，在这种情况下，一般以"拉动"策略为主。由于此行业中的产品一般单价较高，有一定技术要求，并且目标用户较为狭窄，因此采用专业人员面对面的推销是最合适的。

（5）顾客购买过程

根据顾客购买的不同阶段，推拉策略所起的作用也有主次之分。

①当顾客处于知晓和认知阶段时，以拉式为主，推式为辅。此时经销商要加强形象建设和提高产品知名度，因而广告和公关宣传的促销效果最好；

②在喜欢与偏好阶段，经销商需要提高顾客的满意程度，体现出优于竞争企业的性价比优势，因而销售促进的作用逐渐提高，广告和公关宣传的重要性下降；

③在确信到购买阶段，逐渐以推式为主，经销商要提高顾客的满意度，促销方式的选取依次是人员促销、销售促进、广告和公关宣传；

④从购买到再次购买阶段，经销商要重视顾客关系的维护和顾客价值的提升，最好的促销方式是销售促进，人员促销的重要程度下降，广告和公关宣传可以适时采用。

（6）促销预算

开展促销活动就必须要有资金的投入，企业无论采用哪种促销策略、促销组合，都应该根据企业的实际情况来制定促销预算。

4. 如何正确对待推拉促销策略

充分有效地利用"推拉"促销策略已经成为经销商促销活动能否成功的关键所在。以下就通过三点分析应如何正确对待推拉策略。

（1）树立正确的推拉促销意识

当今，经销商应当考虑的不是"需不需要做促销"这种原始问题，而是应该关注"如何做促销，应把促销放到什么位置"的更深层次的问题。

在树立正确的推拉促销时，应该注意以下两个问题：

①促销活动并不是提高销量的关键。

现在很多经销商采取密集促销的方式，各种广告宣传的密集轰炸，公关活动的频频开展，加上天天的特价促销，资金投入不少，但效果不如预期的好，主要原因就在于：

首先，这些经销商没意识到靠密集轰炸的促销方式只是我国市场经济发育过程中的某一阶段才会出现，今后难以再有这样的市场效果。如今的消费者更加理性，市场的扩大、消费者忠诚度的培养，仅靠促销手段是不够的，还必须让消费者满意，让他们对企业和产品有好感。从根本上讲，这些企业的经营思想还是以企业为出发点，并没有以消费者为中心。

其次，产品本身对品牌没有足够的支持力。在营销的 4P（Product，Price，Place，Promotion，即产品、价格、渠道和促销）组合中，产品是最基础性的因素，必须有足够好的产品托起一个内涵丰厚的高价值品牌，否则销售完全靠促销强撑着，促销一停，销量就会一落千丈。

要提高企业销量,不能仅靠促销,应首先树立起以消费者为核心的经营理念,在产品上下足功夫,以优质的产品支撑起良好的品牌形象。

②经销商的推拉促销策略必须与企业的整体营销战略相配合。

经销商的促销策略应该符合其整体营销战略,落后于营销战略固然不好,太过于超前也不利于企业的发展。所谓欲速则不达!经销商的促销行为不是天马行空、肆意妄为的,而应该同企业的整体产供销能力、营销状况相适应。如果从更深的层面考虑,这更涉及企业中促销组织的结构问题。

(2) 具备整合促销的理念

当代的营销界甚为流行整合营销的概念,因此作为4P中的一个组成部分——促销,也需要整合的理念。

经销商要以消费者为核心重组市场行为,综合协调地使用各种形式的传播方式,以统一的目标和统一的传播形象,传递一致的产品信息,实现与消费者的双向沟通,迅速树立产品品牌在消费者心目中的地位,建立产品品牌与消费者长期密切的关系,更有效地达到促销传播和产品行销的目的。

研究表明,单纯价格促销,仅使销售量增加15%;当它与广告宣传相结合时,销售量增加19%;当它与广告和售点陈列相结合时,销售量增加24%。这就告诉我们,任何一种促销手段都具有其一定的局限性,在制定促销策略时,应具备整合促销的理念,以消费者为核心,充分认识所使用各种促销手段的特点,并将之有机整合,保持一致的信息和统一的目标，发挥"1+1>2"的效应，以达到最佳的影响力和促销效果。

(3) "推""拉"策略的有效搭配

当今社会发展中，最现实且最有效的做法并不是"推动"策略，或者"拉引"策略，而应该是前拉后推，推拉结合。促销的基本过程就是运用"推动"和"拉引"两种力量，促使渠道成员或消费者购买企业的产品或服务。

推、拉策略是经销商在促销时的基本策略，每个策略都有优缺点和适用条件，经销商要根据实际需要酌情使用，综合使用各种促销手段。尤其是在同时运用时，一定要适度地搭配好各自的投入比例，协调启动。

总之，经销商要想取得良好的促销效果，就必须根据实际情况，合理搭配使用"推动"策略和"拉引"策略，推拉有效结合，达到促销目的。

能力培育：队伍能力、市场控制能力的培养与提升

经销商在应对经济危机和微利时代的时候，除了内部裁员和降薪外，还采取削减投入；同行竞争的压力，资源消耗加大，如门槛提高、竞争白热化、比拼耐力；营销成本趋高，经营风险陡增，如员工工资、员工管理、油价等趋高；下游得罪不起，步履蹒跚，如市场滞涨客户要求提高，运作难度加大。

模式的革命

在重重压力和微利时代，经销商要想求得生存和发展就必须不断地提高自己的赢利水平，那么经销商如何提高自己的赢利水平呢？

1. 改变思想，与"市"俱进

思路决定出路，不同的思路决定不同的出路，随着市场的竞争发展到一定的新的阶段的时候必然会有新营销模式出现。经销商不仅需要与"时"俱进，更要与"市"俱进，根据市场的变化和需求不断学习、创新、适应、顺势。

2. 配合厂家的思路和策略，争取厂家支持

渠道和网络是经销商发展的根本，厂家的营销模式和方法对市场是有针对性和可操作性的，是用来为经销商服务的，经销商只要按照厂家的要求和标准做市场，就能够通过渠道拓展和管理完成销售任务和指标；只要让厂家看到市场的贡献率，厂家就能够提供更多的支持和维护力度。所以，经销商要追随企业的操作思路和策略积极开拓市场，使产品市场销售保持不断提升和增长的态势。

经销商要让企业感觉省心、安心、舒心，提升自己的价值，提高和企业谈判的砝码，争取厂家的支持。如积极配合厂家的各种产品推广和促销活动，不随意跨区域销售、不低价倾销等，让厂家时刻感到你值得依赖；不随意更换品牌，不随便向厂家抱怨或者发牢骚甚至抑制厂家产品销售；经常向厂家提出一些如新产品开发、产

品质量、价格、服务等合理化的建议等。

3. 合理调整经营产品结构

对公司经营的产品做利润分析，根据销量大小、利润高低、品牌影响力的大小，在经营过程中要有所区别，合理搭配，确定哪些产品是"有量无利"为了搭建销售网络稳定客户的，哪些产品是"有利无量"准备以后赚钱的朝阳产品，哪些是"有量有利"的黄金产品，尽可能保持现有利润基础上把量做大的。

销量大的产品，往往利润低，资金占有量大，要适当控制销售量；而销售量不大的产品，往往利润高，应作为重点推广对象；对一些销量很小、利润不高、没有前途的产品，要坚决予以淘汰。每年适当更新自己经营的产品结构，使得产品结构更加合理化，实现利益的最大化。

4. 加强渠道管理和维护

挖潜渠道是经销商提高赢利水平的重要方法。所谓渠道挖潜就是对渠道进行精耕细作、分类管理，然后依据销售数额不同，分配相关支持资源，进一步释放渠道潜能和力量。产品是血液，而经销商的销售网络则是把血液输送到全身的血管，没有血管来传递的血液，即使再重要也毫无意义。

如何来根据客户分类进行管理？可以客户建立分销合作联盟，根据年度销售额是多少适当奖励；可以建立退换货制度，对客户的滞销产品进行调换；可以定期举办分销商联谊会，沟通情感；可以加强对客户的工作指导和协助；可以建立储备客户对不合格、不忠诚的分销商及时调换……

5. 加强库存管理，及时掌握数据

很多经销商经营品类往往较多，一旦库存管理跟不上，就会使滞销的产品大量占有资金而畅销的产品又出现断货。因此，经销商要做好进销存库存管理，及时掌握进销存相关数据，这样就会避免不必要的损失，为公司增加利润。

6. 加强学习，提升自己的管理水平

随着行业的高速发展，对于经销商既有机遇也有风险，经销商要及时发现自己的不足，寻找学习的动力，如向比自己更优秀的经销商学习，经常与厂家的销售主管和销售代表探讨营销、管理、产品等方面的问题，多参加企业组织的营销、管理方面的培训，增强自身的素质和战斗力。

同时，要建立健全各种管理制度和考核制度、奖罚制度，明确岗位要求，工作内容和工作流程，加强"计划、执行、检查、反馈"四个环节的完整性，尤其是要建立一个客观有效的检查系统，实时、实地地跟踪执行情况，确保执行到位，做到事前建标准、事中掌控、事后总结，实现"以制度束人"的规范管理。

7. 建立培训制度，提升员工的素质和销售技能

培训就是解决业务员的素质和销售技能低的必由路径，建立培

训制度和计划，加强培训的针对性和有效性，通过培训使得员工的素质得到提高并掌握更多的销售技巧。因为员工素质和水平的高低决定了做事的结果，只有员工的水准提高了，公司的赢利水平才能提高。

技术创新：移动互联网时代下的新型经销商

2014 年，在热了一年的 O2O（线上到线下）概念炒作、新兴品牌诞生、旧有行业颠覆等喧嚣热闹过后，经销商们开始真正的思考——如果 O2O 是企业未来渠道与营销的必要模式或者工具的话，那么前行的路该如何走？现在需要如何布局？

1. 重新理解商业

商业世界瞬息万变，在移动互联网的新环境下，经销商如何来重新理解商业？

（1）传统商业的没落，没有避风港

互联网、移动互联网对传统商业的冲击显而易见。线下人员流动在减少、商业成本在上升、消费者越来越挑剔，已经形成网络购物的消费习惯。随之而来的是商业的立场和价值观都变了，大量的品牌入驻 B2C 平台，做自己直销的网络和平台。在这个变化的过程中，中间渠道商在不断地淘汰，最后一个避风港已然是暴风骤雨。

（2）渠道进一步扁平，经销商的空间在变小

传统商业从厂家到区域总代理，然后到二级市场的总经销，到

终端，再到消费者，从出厂价到零售价，会有五倍、十倍的毛利空间。但今天，经销商的地盘不是在扩大，而是在缩小。

在互联网时代一切价值都透明化。在信息透明变得对称的时候，拼陈列、环境、促销、装饰等都成为不了核心竞争力，同质化的动作很快就可以被复制。

那么，经销商的未来竞争力在哪里？未来渠道模式是从企业直接到终端，再到消费者，商圈的半径会被全部打破，企业用互联网思维把一个城市、一个中心、一个点联系起来，以商业地产辐射半径为核心的旧商业面临巨大问题。对于经销商来说，如何提供后续的持续性服务将成为核心竞争力。

(3) 移动互联网在重塑商业新生态

移动互联网的兴起，打破了地域概念。微购物平台让经销商无须进货，直接从厂家出货，只需要做订单管理就行，用户消费也更便捷。微购物把原来单一的服务业态和产品业态，变成无边界的全互联网业态，进而带来商业的新变革。移动互联网不仅是聊天工具，更是大量获取信息的手段。

信息就是钱，整个社会的流向已经转化为互联网，商业、商品、服务都是信息的一部分。以前我们五年、十年商业形态发生的改变，在今天只要一两年就实现了。

(4) 社交网络的兴起需要建立新的与消费者的互动关系

传统的客户关系管理是即将被淘汰的弱关系的建立。简单的问候，促销信息的推荐起不到任何作用，诸如年龄、性别、地域、模糊的消费者画像时代也已远远不够，取而代之的是精准营销，以及沉淀在移动端的会员管理系统。整个互联网，尤其是社交网络的兴起，彻底改变了我们和消费者的关系，由弱关系变成强关系。

（5）运营商和服务商将兴起，替代传统的零售商

未来的经销商，角色就是两个：运营商和服务商。

什么叫运营商？运营什么？运营消费者。组织结构会发生深刻改变，从过去简单的终端维护转为实体店及移动端的美工、内容策划、实时客户评价、在线客服、精准客户推广、客户关系维护等运营。要直接获取客户流量，要变成开拓与建立紧密客户关系的运营商。

服务商是什么？在产品同质化的情况下，为客户进行深度服务，带来更多的增值性收益，从而获取客户、黏住客户，确保在同类竞争中不被分流，把客户变成你的"死忠粉丝"。经销商扮演的就是零售商，零售服务商。

（6）O2O正成为所有商业的新标配

移动互联网让O2O成为可能，打通线上、线下，形成"同品、同价、同促"的销售体系，全部信息汇集到一个大平台上，经销商要跟客户建立关系远程消化订单，成为新的端口和载体。

2. 重新理解生意

在移动互联网深入发展的时代，经销商该如何来看待今天的生意？如何思考明天的生意？

（1）所有的生意都在面对互联网的入侵

过去飞信很棒，微信来了，飞信一落千丈；移动互联网来了，

第三方支付平台兴起，金融行业受到严重冲击。在我国，最赚钱的是哪两大行业？——金融和房地产。他们逾越服务零售业，占据着最繁华的地段，这种畸形发展带来的是：物价和商业成本奇高，但是这一切即将改变：移动互联网就能够把传统的高成本变成低成本。

（2）信息不对称的生意牟利机会将不复存在

在移动互联网未爆发时，仅靠电脑（PC）端，由于流量成本高，商业变革并不剧烈。但是，移动互联网无边界、低成本，打破了原来信息不对称的沟通方式，规避了依靠信息不对称谋取利益的现象，建立起更加诚信的体系。经销商只要原汁原味地把客户的价值多层次地呈现出来，通过移动互联网，让别人更深度更有趣地了解，信息对称变成了商业的金蛋，将是最大的新商机。

（3）消费者主权时代到来

消费者主权时代到来，所有的关系都变成了反关系，以消费者为原点，消费者有了更大的话语权、知情权。过去靠蒙蔽和主打产品功能的时代一去不复返。90后的消费取向将获得空前的重视，他们渴望社群，渴望参与，渴望发声，以懂得消费。任何自娱自乐屏蔽消费者的营销体系就注定了没落和瓦解的命运。

（4）线下零售终端将面临快速迭代

在未来，线上线下将一体化。一进入店面，身份、消费记录全都呈现出来，所有的一切购买行为即时在手机上推送，与消费者建立强关系。线下日益会演变成一个信息化的终端，而不仅是一个零售和实物展示的终端。经销商只需思考如何通过有形和无形终端的两个点，就可以让自己成倍地在边际市场里无边际地营收。

（5）移动互联网的网状商业结构化即将到来

所谓网状商业结构，就是智能化的需求驱动的商业，就是大数据的商业，一个巨大的网络商业新结构。移动互联网有几个标配：一是第五代超文本标记语言（HTML5，H5）平台，让别人可以搜索到你；二是应用程序（APP），建立和客户的信任关系、深度服务的平台；三是微信平台。这三个平台将会成为互联网网状商业结构里和别人连接的入口和连接点。

3. 重新理解营销

（1）品牌塑造的方式在改变

信息泛滥时代，短暂的记忆会迅速抹除，投入再多的广告费效果仍微乎其微。今天，品牌塑造靠的是客户评价、综合服务能力、与客户关系的深浅。基于信任，客户愿意在朋友圈里推荐你的产品，那么他的一句话可能就等于1万元、10万元的广告。现今注意力稀缺成本，信任则更为稀缺。

（2）获取用户的方式在改变

过去经销商引流靠广告、靠活动、靠促销……但今天，靠用户、靠朋友圈子、靠直接与间接的互动。在一个人人都可以成为一个利益链的时代，经销商可以用更主动、更精准、更前置、更聪明的方式进行营销。

（3）推广的方式在改变

互联网时代，要利用移动互联网平台获取新的客户资源。用二维码促销直接锁定用户，线上线下打通。新的推广方式是直接跟目标客户建立联系，把广告费优惠给他们。

对经销商来讲，客户获取的成本、数量、转化率、成交的比例和销售额等指标是最关键的。传播和推广的方式在逆转，经销商要以客户获取为导向，而不是以品牌建立为导向。

（4）产品销售模式在变

自品牌时期，公司、董事长、店员，每个人都是品牌个体，以此来建立自身的销售链条和网络，实现近远程同步购物，打破空间和时间的概念。互联网的改变，会把大的商业地产的暴利地价重新洗牌。过去疯狂抢旺铺的时代就要过去了，现在抢的是什么——线上线下跟客户服务之间的深度互动。

4. 经销商的未来——小中心化分销服务平台将成批涌现

经销商面临的处境是：经销商在扁平化，互联网在入侵，移动互联网在替代。经销商还有没有价值？非常有价值！那么，这个价值点在哪里？

（1）从搬运工到小平台、小中心

过去经销商不是一个平台，还是靠企业来运作。小平台的属性是什么？拥有独立的营销中心、服务中心、传播中心，通过这些来跟客户建立深度关系，产品都围绕客户建立，围绕负责的区域建立，从而从搬运工转型到小平台。什么是小中心？自品牌的到来，个人信息是品牌，自媒体是品牌，经销商势必成为区域的小营销中心。

（2）从个体户到组织化、专业化

这个社会最复杂的生态经营是商业经营，如果不组织化、公司化、专业化，将没有获取客户的能力，市场开发的能力，服务客户的能力，深度营销的能力，经销商是不会有未来的。互联网所有的本质都是小前台，大后台。在整个社会生态系统里面，最核心的细胞就是商业。

当下，经销商必须思考未来的生意模型——跟客户建立强关系，一切转到直接服务用户上来，从单纯赚差价的公司变成品牌化营销机构。